सूरज साकुरा और सफ़र

जापान यात्रा-कथा

सूरज साकुरा और सफ़र

जापान यात्रा-कथा

अल्पना मिश्र

वाणी प्रकाशन

प्रकाशन के उत्कृष्टतम 62 वर्ष

सजिल्द पहला संस्करण : 2025

vaniprakashan.com

वाणी प्रकाशन
4695, 21-ए, दरियागंज, नयी दिल्ली-110 002
फ़ोन : + 91 11 23273167, 23275710
शाखाएँ
अशोक राजपथ, पटना-800 004, बिहार
कॉफ़ी हाउस कैम्पस, महात्मा गांधी मार्ग, प्रयागराज-211 001, उत्तर प्रदेश
महात्मा गांधी अन्तरराष्ट्रीय हिन्दी विश्वविद्यालय, वर्धा-442 001, महाराष्ट्र
sales@vaniprakashan.in
vaniprakashan@gmail.com

Suraj Sakura Aur Safar
by Alpana Mishra
ISBN : 978-93-6944-472-4
Travelogue

मूल्य : ₹ 425

जी.एस. ऑफ़सेट, दिल्ली-110 095 में मुद्रित
वाणी प्रकाशन का लोगो मक़बूल फ़िदा हुसैन की कूची से

जापान के साहित्य-प्रेमी मित्रों के लिए

यात्री मन की कुछ बातें...

यात्रा! हाँ, यात्रा पर ही निकले हुए होते हैं हम! जीवन यात्रा! परत-दर-परत कितने स्तरों पर जारी! भीतर से भीतर की और भीतर से बाहर की यात्रा। अपने आप से निकल कर एक नये परिवेश में घुल-मिल जाने की यात्रा। इन अनगिन यात्राओं से गुज़रते जाते हैं जितना, उतना ही जीवन नये-नये रंग में खुलता चला जाता है–कोई बीहड़ में छिपा ख़ज़ाना हो जैसे...निरन्तर चलता, पड़ावों को पार करता कहीं ठहरता, कहीं संघर्ष के अनन्त से राह निकालता...कुछ यात्राएँ बिना किसी साधन, बिना जहाज़, बिना किसी वाहन या बिना पैदल भी चलती रहती है–अन्तरमन की यात्राएँ! और इन सहस्र यात्राओं की कोई निशानीदेही भी नहीं! कोई अनजानी सी अकस्मात टपक पड़ी यात्रा, उतने ही अनजाने उतने ही अकस्मात मन के किसी कोने को कुछ बदल जाती है–समझ के आयतन को कुछ और बड़ा बनाती, कुछ तोड़ती, कुछ सँवारती...और कुछ वे यात्राएँ, जिनके अधूरे रह जाने की कसक दबी रह जाती है, वे जाने कहाँ से किस कोने में छिपी ज़रा-सा मौक़ा पाते धड़क उठती हैं। जाने किस पीड़ा को अपनी तरह से ढँकतीं ये यात्राएँ भी कभी-कभी काग़ज़ पर बिखरे शब्दों में अपना ज़रा-सा ठिकाना पहचान लेती हैं। दृश्य के भीतर दृश्य की पकड़ आसान चाहे न हो, निगाह रखने वाले उसे भेद लेते हैं। एक रुकी, ठिठकी-सी यात्रा, अपनी कथा में काग़ज़ पर बिखर जाने की प्रतीक्षा में होती है...और मन इस विश्वास में कि अनुभवपगे पथ के बीते चिह्नों से कुछ पहचानने की राहत बन सके शायद!

और एक यात्री मन वह भी, जो अपने ही समाज के भीतर की अनेक अनदेखी यात्राओं के नये और संघर्षमय पथ की तरफ खिंचता है। बाहर से भीतर!

जो हम देखते हैं और जो जानते हैं, उनके बीच 'सोच' की कितनी यात्राएँ चलती हैं, इसे कभी कोई काव्यात्मक रोमांटिक-सा दृश्य कह लेते हैं तो कभी यथार्थ

की पथरीली भूमि। कभी चौकन्ने से हर क़दम कान धरे चलते हैं तो कभी भूले पथिक से–जैसे किसी दृश्य के बाहर-भीतर आना-जाना कर रहे हो–जीवन संगीत ख़ुद गुनगुनाते हुए। इस तरह यात्रा की दो कथाएँ निरन्तर हमारे साथ बनी होती हैं–एक जो भीतर चल रही होती है और दूसरी, जिसे दुनिया 'यात्रा' कह रही होती है। भौगोलिक क्षेत्रों के दृश्य प्रपंचों से हम कुछ पकड़ते हैं और बहुत कुछ छूट जाता है, वैसे ही भीतरी दुनिया के गतिशील और एकदम ठहरे भित्तिचित्रों से उठा कर कुछ रख पाते हैं और कितना कुछ न हमारे हाथ आता है, न शब्दों के हाथ! हमारे पूर्वज कह गये हैं कि 'टूरिस्ट गाइड से हज़ार व्यक्ति एक ही यात्रा करता है, जबकि एक यात्रा रचना के पाठ से हर पाठक अपनी अलग और नयी यात्राएँ रचता है।'(–अज्ञेय) पाठक कंज्यूमर नहीं, वह पाठ के नये रूपों का रचयिता भी है। इसीलिए पाठ को एक प्रक्रिया माना गया है। मैंने यात्रा की उस प्रक्रिया के घटित होने की, पाठक को पूरी आज़ादी दी है, जो किसी सर्जनात्मक कृति के पाठ के साथ अलग-अलग स्तरों पर घटित हो सकती है। इसलिए मैंने इसे 'यात्रा कथा' कहा है। पाठक मेरी इस यात्रा कथा के साथ अपनी नयी और अधिक रोचक यात्रा का पाठ रच सकता है।

मैं इस कथा में जापान की संस्कृति को कहने का कोई दावा नहीं कर सकती। यह एक देश के विविध हिस्सों की वह कहानी है, जिसे जितना मैंने अपनी नज़र से देखा-समझा, उसके प्यार में पड़ कर निहारा, दिल में जो उतरा, कहने को जो मचला, बस, उतना ही कह पायी...कुछ यादगार बातें और लम्हें, कुछ यादगार घुमक्कड़ी और दोस्तियाँ, जो स्नेहिसक्त और टिकाऊ बनी, इससे अधिक कुछ नहीं...

आभार–

इस यात्रा कथा में हिन्दी कवि उदयन वाजपेई द्वारा किया गया, महान जापानी कवि मिशियो माडो की कविता का हिन्दी अनुवाद आभार सहित लिया गया है। डॉ. तोमोको किकुची, जो जापानी साहित्य की मर्मज्ञ होने के साथ-साथ हिन्दी साहित्य की विद्वान भी है, उनके द्वारा किया गया, जापानी कविता की स्त्री आवाज़ आकीको योसानो की कविताओं का हिन्दी अनुवाद भी मैंने दिया है। इन कविताओं को उपलब्ध कराने के लिए डॉ. तोमीको किकुची के प्रति हृदय से आभार व्यक्त करती हूँ।

पुनश्च-

आज जब मैं जापान को याद करते हुए यह कथा लिख रही हूँ–मन व्यथित है, आत्मा घायल। सारी दुनिया पर कोविड-19 नामक वायरस ने आक्रमण कर दिया है। रोग और शोक की अनविन यात्राएँ दुनिया पर भारी हैं–मनुष्य की निरीहता बेचैन कर रही है...अचानक हमने अपने को एक ऐसी दुनिया में पाया है, जहाँ हमारे मनुष्य होने की गरिमा बहुत कम बची रह गयी...करुणा की तरफ जाने की एक यात्रा कितनी कितनी ज़रूरी हो गयी है...

आमीन।

-अल्पना मिश्र

प्रोफ़ेसर, हिन्दी विभाग

दिल्ली विश्वविद्यालय दिल्ली

–09911378341

email–alpana.mishra@yahoo.co.in

चाँद सूरज का फ्यूजन

जापान में ओटेमन विश्वविद्यालय, इबाराकी से हम लौट रहे थे। मैं और डॉ. कोमात्सु टैक्सी में बैठे थे। शाम के लगभग पाँच बज रहे थे। शाम ऐसी तेज़ी से उतरती जा रही थी, जैसे हिन्दुस्तान में रात के आठ बजे होती है। ऊपर से बादल घिरते हुए, झूमते हुए पूरी मतवाली चाल में उतर रहे थे, हमारे पास...पास...आते हुए...तभी डॉ. कोमात्सु ने कहा–"उधर देखिए।" बायीं तरफ एक ख़ूब बड़ा ख़ूबसूरत, सुरहरा गोला हमारी टैक्सी के साथ-साथ चल रहा था–दमकता हुआ, इतना पास चलता हुआ, इतना कि उसे छूने का दिल कर जाये। मन हो कि अभी टैक्सी रुकवा कर उतर जाऊँ और धीरे से उसे छू लूँ–एक क्षण को लगा, तो यह है अस्त होता हुआ सूरज! इतने बादलों और अँधेरे के बीच...बड़ा उतना, पर लाल उतना नहीं–उसी एक क्षण में उत्तराखण्ड के लैंसडाउन में अस्त होता, सिन्दूरी आभा की आँच में पिघलता, बहुत निकट लगता, पहाड़ों के पीछे छिपता सूरज याद आया। मानो रात सोने के लिए अपने घर जा रहा हो–इतना आस्वस्तिदायक कि बस कुछ देर का अँधेरा है फिर सुबह का वैसा चमकता उजाला सब धो देगा–सारी कालिमा, सारे क्लेश...ऐसा लगता मानो बस उस पहाड़ के पीछे, वहीं तक, हमारी पहुँच के इतना निकट कि उसके घर जाकर हाल समाचार ले कर लौटा जा सकता है...एशिया का बेस्ट सनसेट कहलाता है लैंसडाउन का सनसेट। उसी एक क्षण में हमारी प्रिय जगह पचमढ़ी का धूपगढ़ भी कौंध गया। सनसेट की बात आये और हम इतने साल पचमढ़ी (तब म.प्र. में) में अपने रहने को भूल जायें, ऐसा सम्भव ही नहीं था। धूपगढ़ मध्य भारत का सबसे ऊँचा स्थान माना जाता है। वहाँ के सनसेट को देखना एक अनोखा अनुभव है। मैं जीवन में पहली बार मैदानी इलाक़े से निकल कर पहाड़ की तलहटी में बसे पचमढ़ी में आयी थी। चारों तरफ पहाड़ों से घिरे किसी सुन्दर हरे कटोरे की तरह पचमढ़ी किसी ऊँचे पहाड़ पर से दिखती, तब धूपगढ़ के सूर्यास्त ने मुझे अचम्भित करते हुए अपनी जकड़ में ले लिया था–दृश्य का सौन्दर्य

इतना विराट और भव्य था कि रात में चौंक कर नींद खुल जाया करती–सपने में सूरज के पहाड़ों के पीछे छिपने और सामने एक पेड़ के ज़रा-सा ओट बनाने का दृश्य होता–मैं पैदल पहाड़ों पर जाने कौन से रास्ते दौड़ती जा रही होती–पास पहुँचने वाली होती कि चौंक कर उठ जाती...

विराट का सौन्दर्य कई बार आतंकित भी करता है!

"चाँद है।"

डॉ. कोमात्सु की आवाज़ से मैं एकदम गड़बड़ हो गयी।

चाँद और सूरज एक दूसरे में मिल गये। हाँ, चाँद ही–वैसा लाल नहीं, सूर्यास्त के सूरज जैसा नहीं, सुनहरा...

इतना बड़ा चाँद मैंने पहली बार देखा। किसी चाँद को इतने पास पहली बार जाना।

इतने नज़दीक कि टैक्सी रोक कर उधर चल पड़ें!

इतने नज़दीक कि हाथ बढ़ा कर उस मुहावरे को सच कर दें, जिसमें चाँद छू लेने की कल्पना जगमग करती है।

छू लें एक चाँद!

एक स्वप्न!

एक जाग!

डॉ. कोमात्सु के स्नेहिल और सुन्दर चेहरे पर चाँद का ही उजास था, जब वे मेरे लिए जापानी भाषा के कुछ वाक्य लिख रही थीं कि मैं उनका सही उच्चारण कर सकूँ–

"*अरिगातो गुजाइमाशिता...*" (धन्यवाद, आप से मिल कर ख़ुशी हुई...)

पानी के संस्करण

पानी के जितने भी संस्करण थे मेरे मन में बसे, सब धरे रह गये–यह कोई नया था, जो मानो विधाता की जीवन्त चित्रकारी-सा सतह पर फैला हुआ–कोई अलग-सा रंग–न यह वैसा नीला, न वैसा हरा...न यह रंग गंगोत्री, यमुनोत्री का-सा था, न देवप्रयाग में एकसाथ हो लेने वाली भागीरथी-अलकनन्दा का अलग-अलग दिखता और फिर मिल कर नया बनता रंग। यह बनारस की गंगा जैसा भी नहीं था। समुद्रों की बात सोचूँ तो मेरे मन में केरल के सुन्दर, कहीं शान्त और कहीं भयावह गर्जना करते समुद्र थे तो गोवा के समुद्र भी थे। मुम्बई का हाहाकार करता समन्दर भी कहीं से चला आता था, पर ऐसा शान्त चित्त समुद्र!

संस्कृत साहित्य में पानी के वर्णन का अथाह है, हिन्दी के पास वैसा अथाह नहीं!

पानी के गिरने की ध्वनियाँ ही न जाने कितनी हैं शायद तीन सौ या तीन हज़ार-बारिश का पानी, जो तालाब के जल पर गिरता है, जो पत्तों पर गिरता है, जो पेड़ों पर गिरता है, जो पत्थरों पर गिरता है, जो निर्झर पर गिरता है, जो कंकड़ पर गिरता है, मिट्टी पर गिरता है...हृदय पर गिरता है...आँख से गिरता है...

उसके गिरने के हज़ार रूप हैं, हज़ार हज़ार ध्वनियाँ...

महाकवि दण्डी का जवाब नहीं–'कविरदण्डी कविरदण्डी न भूयते' कोई कहता हुआ-सा जान पड़ता है। और महाकवि माघ, हाँ, माघ का भी जवाब नहीं। 'मेघे माघे गतो वय:' यह भी बजता है। पर यह उससे अलग है–उन सारे वर्णनों से अलग। माघ और दण्डी ने जापान नहीं देखा होगा। पता नहीं कालिदास कभी समुद्र तटों पर विहार करने निकले थे या नहीं–?

आचार्य हजारीप्रसाद द्विवेदी कहते हैं कि कालिदास ने ज़रूर बहुत यात्राएँ की होंगी।

बिना यात्राओं के अनुभवों के इतने इतने रंग पाना आसान तो नहीं!

समुद्र हमारे पास प्राय: गरजता हुआ आता है–'उधर गरजतीं सिन्धु लहरियाँ...' या 'है अमानिशा उगलता गगन घन अन्धकार...अप्रतिहत गरज रहा पीछे अम्बुधि विशाल...' अपनी विराटता में स्तम्भित करता, डराता और साथ ही अपने चुम्बकीय आकर्षण से खींचता–भयावता का आकर्षण भी कम नहीं!

शान्त, प्रशान्त सागर हमारी कल्पना में कितना कम है!

यह शान्त, धीरज से भरा निराला समन्दर–इसी के किनारे कृश्नचन्दर की वायलिन बज सकती है...

एक वायलिन समन्दर किनारे...

महान जापानी कवि मिशियो माडो की कविता

पानी गाता है

नदी में बहते बहते
पानी गाता है

उस दिन के विराट वितान को जब वह सागर हो जायेगा
उन दिनों के विराट वितान को जब वह सागर था

उस दिन के विश्राम को जब वह मेघ हो जायेगा
उन दिनों के विश्राम को जब वह मेघ था

उस दिन के मूसलाधार को जब वह बरसात हो जायेगा
उन दिनों के मूसलाधार को जब वह बरसात था

उस दिन की उल्लसित दूरियों को जब वह इन्द्रधनुष हो जायेगा
उन दिनों की उल्लसित दूरियों को जब वह इन्द्रधनुष था

उस दिन के अटूट शीतल मौन को जब वह बर्फ़ हो जायेगा
उन दिनों के अटूट शीतल मौन को जब वह बर्फ़ था

नदी में बहते-बहते पानी गाता है
पानी गाता है

उस उद्दाम शक्ति को जो नदी होकर उसके पास है
उस पानी को जो चिरन्तन है।

समय, जो बीत कर भी नहीं बीतता

–जगह
इन्दिरा गांधी अन्तरराष्ट्रीय हवाई अड्डे का ताम-झाम,
दिल्ली
दिनांक– 21.11.2018

इन्दिरा गांधी अन्तरराष्ट्रीय हवाई अड्डा–21.11.2018 की शाम। न जाने कितनी बार इस हवाई अड्डे से आना-जाना किया है पर सचमुच इस तरफ से पहली बार गुज़र रही हूँ यानी अन्तरराष्ट्रीय उड़ान की तरफ से। अलग तरह के ताम-झाम हैं, अलग-सा माहौल। जगह-जगह वीसा, पासपोर्ट लिए गुज़रना है, बाक़ी सब वैसा ही है, जैसा घरेलू उड़ानों के दौरान होता है। रात के 12.30 पर एशियाना एयरलाइंस की मेरी फ्लाइट है, पहले साउथ कोरिया की राजधानी सियोल उतरना है, फिर वहाँ से जापान। वहाँ से जापान अधिक दूर नहीं, मात्र दो घण्टे की यात्रा। यह सोच कर मन को अच्छा लग रहा है।

इन्तज़ार में बैठी हूँ। चेक इन हो गया है। सामान अब सीधा कंसाई इंटरनेशनल एयरपोर्ट पर मिलेगा। बड़ी दुविधा थी सामान के वज़न को लेकर, लेकिन सूटकेस उतना भारी नहीं निकला। लैपटॉप लेकर जाना थोड़ा अखर रहा है। लेकिन अब यह एक ऐसा ज़रूरी सामान बन चुका है, जो आपके सारे काम को अपने ज़रा से भार में समेटे हुए है। सारे व्याख्यान, लेख, कहानियाँ, उपन्यास...सब इसमें क़ैद। सोनी की नयी-नयी रिचार्जेबल बैटरी ली थी, उसे सूटकेस से निकाल कर फेंकना पड़ा। किसी ने कहा नहीं, वहाँ अंग्रेज़ी में लिखा पढ़ लिया और ख़ुद ही निकाल दिया। काश कि हम हिन्दुस्तानी ऐसे ही हो जाते, किसी को कहना न पड़ता और बहुत-सी बातें हम अपनी शिक्षा के बल पर मान लेते। पर कहाँ? शिक्षा एक तरफ और जीवन दूसरी तरफ है! हमारा व्यवहार और सिद्धान्त हमेशा दो अलग चीज़ें रहे हैं। बड़ी

और भली बातें सिद्धान्त में हमें बलवान बना देती हैं पर जीवन उनसे ख़ाली ही छूट जाता है! यही बातें दिमाग़ में आ रही हैं। फिर लगा कि बैटरी चले जाने का कोई हल्का-सा दुख भी इसमें शामिल है। हम भारतीय अभी इतने भी उपभोक्तावादी दृष्टि सम्पन्न नहीं हो पाये हैं कि किसी वस्तु की हानि पर शोक न करें। हम वस्तुओं से भी रिश्ता जोड़ लेने की क्षमता रखने वाले प्राणी तो हैं ही। ख़ैर यह सोच कर बैटरी जाने का गम भी चला गया और सामने की यात्रा नज़र आने लगी। फिर दिल थोड़ा धुकधुकाया भी। लम्बी यात्रा पर चल पड़ने की धुकधुकी...अनजान देश कहते हुए सोचने लगती हूँ–सचमुच अनजान या शायद वहाँ कुछ लोगों को जानने के कारण एक परिचय की डोर है ही, कितने वर्षों से वे लोग मेरी कहानियों के अनुवाद के सिलसिले में मुझसे मिलते रहे हैं। ये जापान यात्रा केवल एक भारतीय लेखक को ग्लोबल साहित्य का निमन्त्रण भर नहीं है, वहाँ के लोगों, साहित्य प्रेमियों, जापानी लेखकों और विद्वानों के बीच शामिल होना भी है, उनसे संवाद करना भी है।

पहली बार अकेले विदेश यात्रा पर निकल पड़ने का रोमांच भी है तो अपने आपको चेता भी रही हूँ कि थोड़ा अपने फक्कड़पने को सँभालना होगा माने कि थोड़ा तो सावधान हो जाओ अल्पना मिश्र! यहाँ बैठे-बैठे कोरिया और जापान के लोगों को देख रही हूँ। वे किस तरह अपने बैगन, बैगेज के साथ, कोई-कोई परिवार के साथ यात्रा को निकले हैं। एक अलग भाषा में बात कर रहे हैं, जो मेरे कानों में पड़ती है तो मैं बेवजह ही उसे पहचानने की कोशिश करती हूँ–भाषा के प्रति यह कैसा अबोध लगाव है!

एशियाना एयरलाइंस का अनाउंसमेंट शुरू हो गया है–फ्लाइट न.–0Z768 वे अपने स्टॉफ आदि को बुला रहे हैं। सबसे अच्छा दृश्य था जब मैं बोर्डिंग पास लेने एशियाना के काउंटर पर पहुँची, उन्हें 8.30 से अपना काम शुरू करना था–काम प्रारम्भ करने का एक सांस्कृतिक तरीक़ा देखा मैंने–सभी कर्मचारी लाइन में काउंटर के आगे खड़े हो गये। सभी ने एक साथ 'नमस्ते' कहा फिर झुककर आदर व्यक्त किया–जापान में आदर देने के पारम्परिक तरीक़े से। फिर स्वागत किया और वापस अपने काउंटर पर चले गये। तब शुरू हुआ काम। यह सांस्कृतिक शुरुआत मुझे बहुत अच्छी लगी। अपना बोर्डिंग पास लेकर मैं एनाउंसमेंट की दिशा में गेट नं. 20B की तरफ बढ़ी। फ्लाइट में एनसाउंसमेंट कोरियन में होने लगे। भाषा का 'अबूझमाड़' अच्छा लग रहा है। शाल और तकिया मिला है। अब जाकर नज़र पड़ी कि समय का घालमेल होने वाला है–समय के भीतर एक और समय! भारतीय समय

से 3.30 घण्टे आगे है कोरिया का समय। जब हमारी घड़ी में 12.15 हो रहे थे तब सियोल की घड़ी में समय बदल चुका था, वहाँ 3.45 हो रहे थे।

तो हम दिन में चल कर दिन में पहुँचेंगे–यह सोचना ही कमाल की अनुभूति से भर रहा है। 11.30 पहुँचने का मतलब सियोल का दिन का समय है–एकदम दुपहरिया! चमकता हुआ सूरज मिलेगा मेरे स्वागत में खड़ा।

अभी सुबह के छह बज रहे हैं। फ्लाइट की खिड़की से तमाम पेड़, पर्वत, नदियाँ अपने रंगों में चमचमाते छूटते जा रहे हैं। सूर्य यहाँ इतने घण्टे पहले पहुँच जाता है–अद्भुत है दुनिया को प्रकृति के नज़रिये से देखना! मनुष्यों से मैं उम्मीद कर रही हूँ कि वे इसे जान लें और दुनिया को, जीवन को, अपने बिल्कुल व्यक्तिगत जीवन को प्रकृति के नज़रिये से देखें, शायद तब उन्हें इसका मूल्य समझ में आये। शायद तब वे प्रकृति को बचाने, पर्यावरण को बचाने जैसे शब्दों की महत्ता समझ पायें। भारत का भयानक प्रदूषण मन कैसा कसैला कर गया। कितने लाचार से रह गये हैं हम! कुछ भी नहीं कर पा रहे इस प्रदूषण को रोकने के लिए। सरकारों पर निर्भर हैं और सरकारों को इससे क्या लेना देना कि आदमी के फेंफड़े इस ज़हरीली हवा को कितना झेल पायेंगे! पेड़ कहाँ लगायें? अपने घर के अलावा और कहाँ? मिट्टी नहीं, गमलों में कितनी मिट्टी की कल्पना की जा सकती है? बाहर कहीं लगाना है तो परमीशन चाहिए। कुछ भी करने में हज़ार झमेले बाधा की तरह राह रोके खड़े मिलते हैं। पानी कैसे साफ़ करें? है आम आदमी के पास उपाय और सामर्थ्य? सुन्दर दृश्यों को देख कर मन कितना तो ख़ुश हो रहा था पर मेरा भारतीय मन! जानती हूँ इस अयातित निराशा से निकलने का रास्ता भी इसी प्रकृति के पास है। प्रकृति की निकटता मनुष्य की समस्याओं के कितने हल स्वत: दे सकती है! मैं फिर खिड़की से देखने लगी, फिर कुछ दृश्य मेरी आँखों में बस जाने को विकल हो उठे। सियोल के निकट आते जाने को धीरे-धीरे महसूस कर रही हूँ। अब हम चाइना-सी के ऊपर से उड़ रहे हैं। नीचे समुद्र पूरे धीरज से पसरा है–शान्त-गम्भीर! लगता ही नहीं कि पानी है, लगता है जैसे नीलापन लिए कोई चमकती-सी चादर बिछी है, बीच-बीच में उसके ऊपर रोड दिखाई पड़ता है, कहीं पुल दिखता है, कहीं स्टीमर चलती दिखती है तो यकीन होता है कि जल ही है जल...

जीवन का धार और आधार...

सियोल की शाम

यहाँ सियोल इनचेन एयरपोर्ट पर 'डॉलर' ही चलता है। 'येन' नहीं चलता। रुपया चलने का तो सवाल ही नहीं। मेरे पास येन तो है डॉलर नहीं। सो न कॉफ़ी ख़रीद सकते हैं न खाना। फ्लाइट में भी सब नॉनवेज था, खाना नहीं हो पाया था। वेजीटेरियन के लिए थोड़ी दिक़्क़त तो है। बिस्किट मेरे पास है। पर सुबह, चाय, कॉफ़ी की आदत का क्या किया जाये? ठण्ड भी बहुत है। सियोल में दिन का तापमान सात डिग्री सेल्सियस है और रात का पाँच डिग्री–जापान से अधिक ठण्ड है यहाँ। पर एयरपोर्ट के भीतर इतना नहीं पता चल रहा। खासकर ठण्डी समुद्री हवाओं से अभी मेरा आमना-सामना नहीं हुआ है। वे सर्द हवाएँ अभी मेरी कल्पना में ठहरी हुई हैं। अचानक याद आया कि मैं अपने एटीएम वीसा कार्ड से भी पेमेंट कर सकती हूँ। अचानक ही समस्या सुलझ गयी। सामने एक बड़ा ख़ूबसूरत कॉफी शॉप दिखाई पड़ा और मेरे क़दम उधर बढ़ गये।

आते-जाते लोग ऊनी कोट से, जैकेट से लदे हैं। लड़कियाँ, औरतें लम्बी ओवर कोट जैसी जैकेट पहने हैं। मुझे रूसी लेखक चेखव का मास्को की ठण्ड का वर्णन याद आ रहा है। जब भी कोई युवती मेरे सामने से गुज़रती है, 'अन्ना कारेनिना' की अन्ना का लम्बा ओवरकोट पहने व्यक्तित्व जेहन में उभरने लगता है। यहाँ सब चमकदार दिख रहे हैं। दुबले, पतले, सफ़ेद, चिकने और चमकदार। स्त्री-पुरुष दोनों। यहाँ ढेर सारे कॉस्मेटिक प्रॉडक्ट हैं। हज़ारों दुकानें हैं इसकी, जबकि लगता है ऐसे सुन्दर लोगों को प्रकृति ने चिर सौन्दर्य राशि सौंपी है तो इन्हें भला सौन्दर्य प्रसाधनों की क्या ज़रूरत! शायद मनुष्य का मन प्रकृति ने ऐसा ही बनाया है प्रसाधन-प्रियता उसमें भीतर कहीं रची बसी है। फूलों से स्त्री पुरुष के शृंगार की अनेक कथाएँ हमारे साथ चलती रही हैं। कभी लोक कथाओं में तो कभी गीत संगीत में, कभी चित्रकलाओं में और कभी शिष्ट साहित्य की अनेक विधाओं में पुष्प शृंगार के वर्णन मिल जाते हैं।

अजीब मन है विदेश यात्रा पर निकला है और रह-रहकर भारतीयता में धँस-धँस जाता है...

सियोल का एशियाना एयरलाइंस का लाउंज बहुत आरामदेह है। सबसे पहले समय चेक करती हूँ, वाई फाई कनेक्शन लेती हूँ, फिर घूम कर लाउंज का मुआयना करती हूँ। शॉवर रूम बने हुए हैं। अपना लैपटॉप आप अपने साथ नहानघर में ले जा सकते हैं। कोई शुल्क नहीं। वाह, मुझे इस सुविधा से बहुत सुकून मिला है। मैं अपना लैपटॉप बैग लिये दिये शॉवर रूम में जाती हूँ। वहाँ सामान रखने की अल्मारी है। तौलिया भी मिला है, जो डिस्पोजेबल है। गरम पानी से नहा-धोकर मन प्रसन्न हो गया। लाउंज में लोग जगह-जगह लगे चौड़े-बड़े सोफ़े और दीवान पर सोये पड़े थे। मैंने भी एक ख़ाली दीवान देखकर अपना आसन जमा लिया। इसी पर आराम से पसर कर घर-परिवार से बात किया, कुछ देर सोई भी।

अब दूसरी फ्लाइट सियोल से ओसाका के लिए तैयार थी–0Z118 एशियाना एयरलाइंस।

घूमते हुए, दुकानों का आनन्द उठाते गेट नं. 6 पर पहुँची तो पता चला अचानक गेट नं. बदल कर 11 हो गया है। लो भई, ये 11 तो कहीं दिख ही नहीं रहा। गेट नं. 11 कुछ छिपा हुआ था। यहाँ किसी से क्या पूछना, बस, पढ़ते हुए चलते जाना है।

शाम के 5.40 हो रहे हैं। किनारे खिड़की की सीट मिल गयी है, जो मैं चाहती थी।

समन्दर, बादल और डूबता सूरज...

क्या ही ख़ूबसूरत नजारा है–आँखों में हमेशा के लिए क़ैद कर के रख लेने वाली तस्वीर...

जैसे पानी से उठता पहाड़ काले बादलों से मिल जाना चाहता है–उस पर गिरतीं सुनहरी किरणें...परत दर परत बनाती हुईं–

जैसे पानी की हथेली पर सुनहरा फूल खिलता हुआ-सा छिपता है–

5.55 तक यह दृश्य काले बादलों में छिप गया–गहरे कालेपन में डूबा...

अब बस गहरी श्यामता के बीच जगमगाती रोशनियाँ हैं...

'रात की स्याही' का अर्थ यहाँ खुलता है...

द क्लाउड्स डोर : रास्ता इधर से है

बादल ऐसे घहरा-घहरा कर उतर रहे थे कि निराला का 'बादल राग' बजने लगता था। अगर इस समय दरवाज़ा खोल कर बादलों की आवाज़ सुनी जा सकती तो शायद इनकी गर्जना कुछ वैसी ही होती—"गरज-गरज घनघोर...राग अमर अम्बर में भर निज रोर...गरज गरज मेरे पागल बादल...गरज गरज घनघोर..." मगर इन्हें देखा जा सकता था, सुना नहीं जा सकता था।

गहरी श्यामता हल्के-हल्के शेड्स बदलती तमाम लेयर्स में जाने कहाँ जाती लगती थी—कहीं दूर, किसी अनजान पते पर...। यही मेरा रास्ता था। बादलों के द्वार से बना...इसी के बीच से मेरा प्लेन चला जा रहा था...इन्हें चीरता...इनके बीच से रास्ता बनाता...जैसे किसी अनन्त लोक की यात्रा पर निकला हो...

एक फ़िल्म का बादलों के घुमड़ने का बेहद कलात्मक दृश्य याद आने लगा। ऊपर बादल नीचे पानी...क्या नीचे चाइना सी है?

पानी के उस हल्के नीलेपन में नहाती नायिका और उसकी सखियाँ...

देह का गुलाबी रंग पानी के बीच से रह रह कर उभरता...

बादल और पानी का अद्भुत सामंजस्य!

यह वही फ़िल्म थी, जिसे इंटरनेशनल फ़िल्म फेस्टिवल ऑफ़ इंडिया में दिखाये जाने पर हंगामा मच गया था। कहते हैं पुलिस बुलानी पड़ी थी। भारतीय कथाओं में कितना कुछ इरोटिक है, इस फ़िल्म में तीन पुरा कथाओं को पृष्ठभूमि के तौर पर इस्तेमाल किया गया है—जिसमें जायसी की 'पद्मावत' भी है। 'पद्मावती' का नख-शिख वर्णन कला की दृष्टि से अनोखा हो सकता है पर मनुष्य इतने इरोटिक दृश्यों को सामने रजत पटल पर देख कर सहन नहीं कर सकता! हमारा समाज अपने मर्दवादी सोच में स्त्री को सिर्फ़ एक ख़ूबसूरत देह के रूप में अपनी कल्पनाओं में पाता है—यथार्थ में नहीं! स्त्री की ऐसी रूढ़ छवियों और काल्पनिक प्रेम का अपार हमारे यहाँ भरा पड़ा है, उस पर भला आपत्ति की क्या ज़रूरत!

हमारे समाज का पुरुष, प्रेम की कल्पना करता है, प्रेम नहीं करता!

प्रेम हमारी सामाजिक संरचना से अनुपस्थित विषय है–अलग, अवांछित, विद्रोही...

मैं क्रिटिकल होने लगी–नायिका पद्मावती है, उसके पास राजा रतनसेन का चतुर तोता आकर ठहर गया है। इसी प्यारे तोते से वह शिकायत करने लगी है–देखो तो हमारी और कोई परेशानी दिखती नहीं? देह के अलावा हम सोच भी सकती हैं, निर्णय भी ले सकती हैं, यह नहीं देखा जाता। राजा रतनसेन का वरण मेरा निर्णय है, सिंघल की भूमि से निकल कर अपनी मनोवांछित धरती पर निवास की अभिलाषा मेरा स्वप्न है। प्रेम मेरा सन्देश है। इस पर कोई क्यों नहीं बोलता? हमारे निर्णयों को हमेशा सजा में क्यों बदल दिया जाता है?...

मेरा ध्यान अब न तो 'बादल राग' की तरफ रह गया है न ही मणि कौल की फ़िल्म 'द क्लाउड्स डोर' की तरफ...

नींद का एक झोंका है, जो अपनी गिरफ़्त बढ़ाता जा रहा है...

जापान की धरती पर पहला क़दम

–जगह
कंसाई इंटरनेशनल एयरपोर्ट, जापान
दिनांक– 22.11.2018

जापानी समयानुसार शाम 7.10 पर कंसाई इंटरनेशनल एयरपोर्ट पहुँच गयी। यहाँ समय की पाबन्दी चारों तरफ दिखाई पड़ रही थी। 'घड़ी की सुई पर ज़िन्दगी' सही मायने में यहीं हैं। हमारे यहाँ तो मुहावरा है। सबसे पहले प्लेन से उतर कर लोग एराइवल की तरफ दौड़े। सबके दौड़ने पर मैं भी दौड़ी। घरेलू उड़ानों में अभी तक एराइवल पर आकर किसी नम्बर की बेल्ट से अपना बैगेज लेना होता था। अधिक-से-अधिक किसी बस से एराइवल तक छोड़ दिया जाता था। यहाँ ऐसा नहीं था। लोग जिस एराइवल की तरफ दौड़े, वहाँ आगे जाकर एरावल का बोर्ड ही नहीं रह गया। शीशे के दरवाज़ों के भीतर एक ट्रेन खड़ी थी। लोग तेज़ी से उसमें चढ़ने लगे। क्या मुझे भी इस ट्रेन में चढ़ना चाहिए? यहाँ मैं ज़रा कंफ्यूज हो गयी। मुझे एयरपोर्ट का जो नक़्शा मेरी मित्र ने भेजा था, उसमें बाहर निकलने के गेट को चिह्नित किया गया था। अगल-बग़ल और कोई ट्रेन नहीं थी। नक़्शा खोल कर देखा, पर ट्रेन नहीं मिली। मैं पीछे मुड़ कर दो क़दम आयी, कोई गार्ड आदि भी नहीं दिखता था, यहाँ नक़्शा देख कर चलने का चलन है, यह बाद में जाना। हमारे यहाँ ज़रा-सी दिक़्क़त हुई कि अगल-बग़ल से पूछने लगते हैं। मैं अगल-बग़ल के लोगों से पूछने वाले सामुदायिक कल्चर से आती हूँ तो यहाँ भी पूछने के लिए किसी को खोजने लगी। लेकिन पूछें किससे! तभी एक महिला, जो कुछ बुजुर्ग थीं, वे अपनी हड़बड़ी में भी थोड़ा धीमे चल रही थीं, उनसे मैंने अंग्रेज़ी में पूछा। वे रुकी नहीं–"कम विथ मी" ऐसा कहकर वे ट्रेन में घुस गयीं। मैं कुछ हिचकते हुए ट्रेन में घुसी। यह ट्रेन बहुत जल्दी-जल्दी आना-जाना कर रही थी। गजब तेज़ी हवा में घुली थी। मैं जहाँ ट्रेन से उन महिला के साथ उतरी, असली मेन एराइवल वही था। वहाँ से वे महिला न

जाने किस तेज़ी से कहाँ चली गयीं, पता ही नहीं चला। पर उनका शुक्रिया। उन्होंने मुझे सही राह दिखाई। यहाँ से पता चला कि अब इमीग्रेशन की प्रक्रिया से गुज़रना होगा। इमीग्रेशन की लम्बी लाइन लगी हुई थी। कई काउंटर दिख रहे थे। इंटरनेशनल होने के कारण यहाँ अंग्रेज़ी में लिखा था–फॉरेन इमीग्रेशन रीइंट्री। यहाँ काम बहुत व्यवस्थित था–फिंगर प्रिंट, फ़ोटो खींचना, पासपोर्ट स्कैन करना आदि...यह प्रक्रिया ख़त्म हुई तो समस्या आयी कि किस गेट से निकला जाये?

मैं फिर बोर्ड पर लिखे निर्देशों का पालन करते हुए अपने सामान तक आयी। सामान जिस व्यक्ति ने दिया, उसे मैंने नक़्शा दिखाया और जिस गेट से मुझे निकलना था, उसकी बावत पूछा। नहीं, उसे कुछ भी नहीं पता। इतना बड़ा एयरपोर्ट था कि समझ में नहीं आ रहा था कि जिस गेट का नक़्शा है, वह किधर होगा? अगर मैं कहीं और से बाहर निकल जाऊँ तो ऐसा न हो कि मुझे लेने आये लोगों को इन्तज़ार करना पड़े या कहीं हम भूलभूलैया न खेलने लगें। फिर कुछ दिमाग़ लगाया और बाहर निकल रहे लोगों की दिशा में जाकर वहाँ चैम्बर में खड़े एक अधिकारी जैसे लग रहे व्यक्ति को नक़्शा दिखाया। उनके चेहरे पर हल्की-सी प्रसन्नता दौड़ी। उन्होंने हाथ के इशारे से बताया कि मैं यहीं से निकल कर जा सकती हूँ। निकलते ही बायें मुड़ते हुए चलना होगा, तब मुझे साउथ एराइवल गेट मिल जायेगा। यहाँ एक और अच्छी बात थी, लोगों को अंग्रेज़ी कम आती थी या बिल्कुल नहीं आती थी। एक-दो अंग्रेज़ी के शब्द पकड़ कर काम चलाते हैं। वे अंग्रेज़ी को महत्त्व भी नहीं देते थे। यह बात मुझे बहुत अच्छी लगी थी, पर फिलवक़्त हम भारतीय अपनी भाषा छोड़ कर अंग्रेज़ी के सहारे दुनिया में सब काम कर लेने की सोचते हैं। लेकिन अभी भी कुछ ऐसी जगहें हैं, जहाँ आपको उनकी भाषा के गर्व को स्वीकार करना पड़ेगा। यह सोच कर मुझे जापानी लोगों का स्वभाषा प्रेम फिर बहुत अच्छा लगने लगा। बायें चलते हुए भी मुझे अपना वांछित गेट नहीं दिखा या शायद मैं अभी पर्याप्त नहीं चली थी तभी एक इनफारमेशन काउंटर दिख गया, मैं ख़ुश हो गयी, तो इनके पास है मेरी समस्या का हल। उनके पास पहुँची तो उन्होंने हाथ से पीछे की तरफ दिखाया। धत्! यह तो मेरे पीछे ही था–साउथ एराइवल गेट।

चलते हुए ठहरना

–जगह
वर्क होटल के कमरे का सन्नाटा,
ईबाराकी, जापान
दिनांक– 23.11.2018

8.30 की एरोबस से हम इबाराकी मेट्रो स्टेशन तक आये। मेट्रो एकदम साफ़ सुथरी थी, सुन्दर गहरे हरे वेलवेट की सोफ़े जैसी सीट थी। किसी भी जगह अधिक भीड़ नहीं थी। मेट्रो से हम ताकात्सुकी स्टेशन पर उतरे। वहाँ से बमुश्किल पाँच मिनट की पैदल दूरी पर वर्क होटल था, जिसके कमरा नम्बर 611 में मुझे ठहरना था। पैदल जब हम आ रहे थे तो जिस बाज़ार में यह होटल था, वह ऊपर से लम्बी छत से ढँका था, इस बात ने सबसे पहले मेरा ध्यान खींचा। चौड़ी सड़कें, दोनों तरफ दुकानें और ऊपर रंगीन-सी छत। शायद पानी अधिक बरसता हो इधर, ऐसा ख़याल आया। फिर अपने यहाँ के राजा-महाराजाओं द्वारा चलाये जाने वाले कुछ हाट-बाज़ार याद आये। वे भी अक्सर खुले में नहीं लगते थे। हालाँकि ज़्यादातर भारतीय बाज़ार खुले में ही लगते हैं। यहाँ जगह का उपयोग करने की अद्‌भुत कला है। कम से कम जगह में अधिक से अधिक सुविधाएँ...साफ़-सफ़ाई ख़ूब। कहीं मैंने पढ़ा था कि जापान की सड़कें इतनी साफ़ दिखती हैं जैसे ड्राई क्लीन कर के लायी गयी हों।

तो सुबह उठ कर, मैंने पहली बात यही सोची कि सुबह की रोशनी में नहा-धोकर कैसा दिखेगा जापान! जो कल मैंने रात की जगमग रोशनी में देखा था–उससे अलग या वैसा ही। सुबह, धूप की ऐसी बारिश थी कि सारा शहर मानो रात की करवट से उठकर, रोशनी में नहाकर एकदम नया बन गया हो! इतना रोशन, इतना जगमगाता!

सुबह-सुबह मैं पास के सुपर मार्केट में टहलते हुए गयी। इसके बारे में मुझे कल ही बता दिया गया था। यहाँ के खाने में अधिकतम नॉनवेज है–फिश, सॉसेज, पोर्क

वग़ैरह...। फिश के तो हज़ार वेरायटी–पैकिंग ऐसी बढ़िया कि क्या कहने! लोग सुबह ऑफ़िस लेकर जाने के लिए यहाँ से अपना मनचाहा नाश्ता या खाना डिब्बों में पैक हुआ ख़रीद रहे थे। एक तरफ ऐसे फ्रेश खाने को सजा कर रखने की जगह थी–यह बहुत अच्छी व्यवस्था थी–लोग अपना डिब्बा लेकर निकलते, काउंटर पर बिल चुकाते और अपने गन्तव्य की तरफ निकल जाते। एकदम शान्त भाव से यह चल रहा था–रोबोट की तरह!

मैं अपने लिए कुछ वेजीटेरियन खाना लेना चाह रही थी। दो पीस केक ख़रीदा और केला। बिल था 460 येन का। यह एक महँगा देश है। कुछ जापानी कार्टून सीरियल याद आये शिनचैन...डोरेमोन...पुलिसमैन कोचिकामे...साकुरा...आदि, जिसमें आइसक्रीम हज़ार रुपये की मिलते हुए देखा था, अब यह साक्षात था।

दही लेना था पर समझ में नहीं आयी–इतनी अधिक वेरायटी थी और भाषा के मामले में यहाँ अंग्रेज़ी नहीं चलती, सभी पैकेट पर जापानी में लिखा था तो पढ़ा भी नहीं जा सकता था। फिलहाल दही का ख़याल छोड़ दिया।

23 तारीख़ की दोपहर 01 बजे के क़रीब एक श्रीमान् शुन हासेबे मुझे लेने आये। उनके साथ मुझे ओटेमन गाकुइन यूनिवर्सिटी, इबाराकी पहुँचना था। रास्ते में मिस्टर शुन जापान के बारे में कुछ जानकारियाँ देते रहे। यूनिवर्सिटी के आगे हम टैक्सी से उतरे–सामने भव्य इमारत थी। खास जापानी शैली का स्कल्पचर। यह विश्वविद्यालय बहुत पुराना है, सम्भवतः 1888 में बना था और इसकी फाउंडेशन एक लेफ्टीनेंट जनरल तोमोनोसुके ताकाशिमा के द्वारा रखी गयी थी। इसमें ईस्ट एशियन कल्चर का एक बड़ा विभाग है, जिसके भीतर उनके पास अपना एक पब्लिकेशन डिवीजन भी है।

मिस्टर शुन हासेबे और मैं जैसे ही टैक्सी से उतरे, लोग मिलने आने लगे। सामने से डॉ. कोमात्सु लगभग दौड़ती हुई आ रही थीं। उनके चेहरे पर फैला आह्लाद मेरे मन में अमिट हो गया–तो आख़िर मैं उनके विभाग में आ ही गयी। इसी विभाग में वे प्रोफ़ेसर हैं। ईस्ट एशियन कल्चर विभाग के दरवाज़े पर बड़ा-सा पोस्टर लगा था–कल के कार्यक्रम का, मेरी तस्वीर लगी थी, परिचय जापानी में लिखा था–यह सज्जा मुझे भीतर तक छू गयी।

यह सम्मान का तरीक़ा अद्‌भुत था। यह केवल मेरा नहीं, समूचे भारत का सम्मान था। अब भारतीय संस्कृति से रचे-बसे उस कमरे में मेरा प्रवेश हुआ, जिसे देख कर बस इतना ही मुँह से निकल सकता था कि यहाँ भारत के सब रंग बसा लिये गये हैं। यह डॉ. कोमात्सु का कमरा था। सामने एक छोटे से टेबल पर पूरी

साज-सज्जा के साथ माँ दुर्गा या शायद माँ वैष्णवी की तस्वीर लगी है, उसके आगे पूजा की थाली, जिसमें अलग-अलग खानों में पूजा की सामग्री है, बहुत-सी चूड़ियाँ उसमें रखी थीं, कई तरह की।

बहुत से क्षेत्रों की संस्कृतियों की पहचान यहाँ की जा सकती थी—एक तरफ राजस्थान था तो दूसरी तरफ बनारस, उड़ीसा...पश्चिम बंगाल...मिट्टी के खिलौने, मिनिएचर आर्ट, लकड़ी की चीज़ें, छोटे-छोटे बर्तन, देवी, देवता...

एक और चीज़ थी यहाँ—मेरा ध्यान खींचती बल्कि मुझे आश्चर्य और अह्लाद से भरती—उड़ीसा की दस्तकारी, जिसमें एक औरत हाथ में कंघी पकड़े दूसरी औरत का बाल काढ़ रही थी, दूसरी औरत के बाल खुले थे और वह पीछे मुँह करके बैठी थी। चटक रंगों के धागे इस्तेमाल किये गये थे, जो भारत की ख़ास पहचान थे—चटक भारतीय रंग : धुँधलके से दूर। यह दस्तकारी मुझे उन बीते दिनों में ले जा रही थी, जब कुछ साल पहले डॉ. कोमात्सु मेरी कहानियों का अनुवाद करने के सिलसिले में, किसी प्रोजेक्ट के तहत भारत आने पर मुझसे मिली थीं, तब मैंने यह ख़ास दस्तकारी उन्हें भेंट की थी और उसे कितने सम्मान के साथ उन्होंने यहाँ अपने विभाग में पूरी भारतीय धज में लगाया था।

दृष्टि भी कोई चीज़ है!
जापान की भारत के प्रति दृष्टि।
यह वस्तु की पहचान भर नहीं।
यह दस्तकारी का नमूना भर नहीं!
यह हमारी समूची सांस्कृतिक विरासत समेटे छोटा सा मिनिएचर...
भारत का एक हिस्सा कि समूचा भारत
भारत अपने हर हिस्से में समूचा ही है...

तो यह भावों से बना एक ऐसा पुल बना रहा था, जिस पर चल कर हम दो भिन्न देश के निवासी अनुभव के धरातल पर तरल हो रहे थे...

फिर हम सब बैठे कल के कार्यक्रम की तैयारी के सिलसिले में बात करने...

जब हम लोग कंसाई इंटरनेशनल एयरपोर्ट पर मिले थे तभी मेरे हाथ में एक फ़ाइल पकड़ाई गयी थी। इस फ़ाइल में जापान की धरती पर मेरा पहला क़दम रखने से लेकर भारत पहुँचने तक का सारा विवरण समयसारिणी के साथ मौजूद था। शेड्यूल इतना टाइट था कि पहली नज़र में मेरे मन में यह ख़याल आया था कि क्या लंच या डिनर इतनी देर में समाप्त हो जायेगा? पर बाद में लगा कि उन लोगों

का केलकुलेशन एकदम करेक्ट था। यह समय, जो यहाँ खुल रहा था मेरे सामने, बिल्कुल तय हिसाब से था...

मेरा कल का व्याख्यान जापानी भाषा में अनूदित हो रहा था...

मेरी बहुत-सी कहानियों के अनुवादों की एक बुकलेट थी, जो कल कार्यक्रम में श्रोताओं को वितरित की जानी थी।

मेरे फ़ोटो सहित सुन्दर पोस्टर जापानी भाषा में थे, जिनमें मैं, अपनी तस्वीर के अलावा केवल समय और दिनांक पढ़ सकती थी...

मेरी किताबें यहाँ की अल्मारियों से झाँक रही थीं...

कुछ सवाल मेरे व्याख्यान को लेकर हुए, कुछ समय को लेकर। समय का तालमेल बैठाया गया। कुछ कहानियों का अंश वहाँ पहले से ही छाँट कर रखा गया था। मेरी कहानियों 'मुक्ति प्रसंग', 'कथा के ग़ैरजरूरी प्रदेश में', 'छावनी में बेघर' आदि का जो हिस्सा चुना गया था, वह मुझे पसन्द आया। मैंने अपनी सहमति दी। ये हिस्से भी कल हिन्दी और जापानी दोनों भाषाओं में पढ़े जाने थे। और भी बहुत-सी बातें हुईं।

फिर हम सब जल्दी डिनर करने के इरादे से बाज़ार पहुँचे। वहाँ के रेस्टोरेंट में बनने वाले आइटम पके रूप में बाहर डिस्प्ले किये हुए थे। कहीं खाने का यह प्रदर्शन शीशे के भीतर था तो कहीं बाहर। सुन्दर साज-सज्जा थी। अलग तरह के लगने वाले इन सुन्दर सजे व्यंजनों की मैंने कुछ तस्वीरें भी लीं। एक ख़ास तरह का खाना मँगाया गया। मैं चूँकि नॉनवेज नहीं खाती, इसलिए इस बात का एक अतिरिक्त मेरे स्वागत-सत्कार में जुड़ गया था। जापानी लोग मेहमान नवाजी में भारत से कम नहीं। इस समय मैं उनके मेहमान नवाजी का आनन्द उठा रही थी।

अण्डा मैं खा लेती हूँ, मैंने सोचा था इससे कुछ राहत मिलेगी, पर यहाँ अण्डा बहुत कम खाया जाता है। मुर्गी पालन भी बहुत कम है। डेयरी भी कम है, इसलिए दूध आदि के प्रोडक्ट भी कम इस्तेमाल होते हैं। परम्परागत खाने में अण्डा और दूध-दही नहीं है। काली चाय है या ग्रीन माचा टी, जो बहुत ख़ास जापानी हर्बल से बनी होती है।

जो खाना मँगाया गया था, वह देखने में इतना सुन्दर लग रहा था कि उसकी तस्वीर लिए बिना नहीं रहा जा सकता, सो लिया। इसमें पीले रंग के बहुत हल्के पतले अण्डे के लेयर के भीतर चावल, सब्जियाँ आदि भरी हुई थीं। साथ में था छोटा-सा एक आलू, जिस पर मेयूनी और सफ़ेद सॉस था, टमाटर और चीज़ का सलाद था और था अदरक का कुछ अलग-सा अचार। इस डिश का नाम था

ओमूराइस। अलग सौन्दर्य और अलग स्वाद। मुझे बताया गया कि यह व्यंजन फ्रांस से होता हुआ यहाँ आया है या शायद फ्रांस का है क्योंकि जापान में अण्डे के व्यंजन नहीं हैं। इसका जापानीकरण किया गया होगा कभी। जो भी हो, यह एक सुन्दर और स्वादिष्ट भोजन था।

हम मेट्रो से वापस आये–ताकात्सुकी स्टेशन। मुझे मेट्रो का कार्ड दिया गया था, पर उसका किराया देख कर हैरानी होती थी!

विकास के साथ महँगाई अनिवार्य तथ्य है...

परम्परागत जापानी रेस्त्रां में तेम्फूरा का आनन्द

–जगह
कल्चरल सेंटर की यादगार शाम,
ईबाराकी, जापान
दिनांक–24.11.2018

आज का कार्यक्रम यादगार रहा। जापान का यह लगातार बारह दिनों का कार्यक्रम ओसाका से लेकर टोक्यो और कुमामोटो तक मेरे साहित्य पर ही केन्द्रित था। पहली बार कोई हिन्दी का लेखक विदेश की धरती पर इस तरह फ़ोकस में था। हिन्दी साहित्य को विश्वस्तर पर, ग्लोबल लिटरेचर ऑरगेनाइजेशन, जापान की तरफ से यह अवसर मिल रहा था, मुझे भारत के लिए गौरव हुआ। भारत के एक प्रतिनिधि लेखक के तौर पर मुझे सभी जगह एक घण्टे का व्याख्यान देना था और विद्वानों, श्रोताओं के प्रश्नों का उत्तर भी। कहीं जापानी लेखकों से संवाद भी था और मेरी कहानियों के अंशों का हिन्दी और जापानी भाषा में पाठ भी। जापान का यह पूरा कार्यक्रम ग्लोबल संस्कृति और साहित्य समिति, जापान सरकार के सहयोग से हो रहा था, जिसमें जापान के अनेक विश्वविद्यालय भी शामिल थे और अनेक उच्च अधिकारी भी।

कार्यक्रम इबाराकी के कल्चरल सेंटर में था। सुन्दर हॉल में बहुत से विद्वान श्रोता उपस्थित थे। वहाँ मेरी मुलाक़ात प्रोफ़ेसर मिवाको नाम्बा से हुई, जब वे भारत आयी थीं, तब भी मुझे उनसे मिलकर बहुत अच्छा लगा था। हिन्दी उन्हें नहीं आती थी। अंग्रेज़ी से काम चलाना होता था। वे जापानी साहित्य की विदुषी लगीं। जापानी लेखकों से उनका प्यार छलकता था। वे 'ब्यूटी विथ ब्रेन' की कहावत का साक्षात अवतार थीं–तीक्ष्ण ख़ूबसूरती और उतनी ही तीक्ष्ण बौद्धिकता। उन्होंने बहुत छोटे छोटे मतलब लगभग एक इंच जितने बाल रखे थे, जो उन पर इतने सुन्दर लगते थे कि महिलाओं के लम्बे बालों के साथ सौन्दर्य जोड़ने के सारे रूपक

व्यर्थ चले जाते थे। यहीं मुझे पहली बार साहित्य मर्मज्ञ डॉ. हिसाको मात्सुकिजोनो भी मिलीं।

बड़ी संख्या में श्रोताओं की उपस्थिति उत्साह भरने वाली थी। जर्मन, रूसी, चीनी आदि अलग-अलग भाषा और साहित्य के जानकार, कई विश्वविद्यालयों के प्रोफ़ेसर, विद्यार्थी, मीडिया आदि के प्रतिष्ठित लोग। जापान में हिन्दी के प्रसिद्ध विद्वान प्रोफ़सर मिजोकामी जी भी आये थे। सेंटर फॉर आस्ट्रेलियन एंड एशियन स्टडीज में अर्थशास्त्र के प्रोफ़ेसर और डायरेक्टर प्रो. शिनजी कोंडो भी उपस्थित थे। ओटेमन और ओसाका विश्वविद्यालय के बहुत से प्रोफ़ेसर उपस्थित थे। मैं अपनी सारी तैयारी के बावजूद ख़ुद पर भारतीय साहित्य के प्रतिनिधि होने का दबाव महसूस कर रही थी। मेरे व्याख्यान के साथ ही साथ उसका अनुवाद भी सुनाया जा रहा था क्योंकि हिन्दी समझने वाले लोग कम थे। अनुवाद डॉ. कोमात्सु ने किया था और बाद में लोगों ने बताया कि उन्होंने बहुत उत्तम अनुवाद किया था। मैं उनकी अनुवाद की योग्यता से परिचित रही हूँ। मेरी अनेक कहानियों का उन्होंने अनुवाद किया था। इसलिए इस समय भी मुझे बहुत प्रसन्नता हुई। मेरे व्याख्यान के बाद मुझसे कुछ प्रश्न पूछे गये। प्रश्न जापानी भाषा में पूछे जाते थे, उनका हिन्दी अनुवाद तत्काल किया जाता था, तब मैं हिन्दी में उनका उत्तर देती थी, जिसे फिर से जापानी भाषा में अनूदित कर सुनाया जाता था। इस तरह हमारा संवाद बना रहता। तमाम प्रश्नों में से एक प्रश्न मेरे मन में टँगा रहा। जो एक चीनी भाषा के विद्वान द्वारा पूछा गया था, यह उनके चीनी साहित्य के प्रति लगाव को दिखाता था। उन्होंने मुझसे पूछा कि मैंने अपने व्याख्यान में रूसी साहित्य पढ़ने का ज़िक्र किया है पर चीनी साहित्य पढ़ने का कोई ज़िक्र नहीं है, क्या मैंने चीनी साहित्य नहीं पढ़ा या अभी तक उसका हिन्दी में अनुवाद उपलब्ध नहीं है? इसका कारण क्या रहा? इसका मैंने जो उत्तर दिया, शायद वह उन्हें सन्तोषप्रद लगा होगा। साथ ही मैंने चीनी भाषा के महान लेखक लुशुन को भी याद किया। हिन्दी में चीनी साहित्य की कुछ रचनाएँ अनूदित है पर अभी भी अधिकांश चीनी साहित्य हिन्दी में नहीं आ सका है। परन्तु यह सच है कि चीनी की अपेक्षा जापानी साहित्य की हिन्दी में उपस्थिति आज भी बहुत कम है।

कार्यक्रम समय पर ख़त्म हुआ। फिर हम बहुत से लोग, जिनमें आयोजक भी थे, कल्चरल सेंटर के नीचे बने हॉल में कॉफ़ी कॉर्नर पर कॉफ़ी पीने आये। दो ऐसे विद्यार्थी, जो कभी दिल्ली विश्वविद्यालय में हिन्दी पढ़ने आये थे और संयोग से मैंने विदेशी छात्रों की उस दौरान कुछ कक्षाएँ ली थीं तो उन्हें भी पढ़ाने का अवसर मिला था, दायिकी और यूना, उनसे भी यहाँ मुलाक़ात हुई। ये दोनों ही छात्र ओसाका

विश्वविद्यालय के छात्र थे और बहुत दूर से मेरे इस कार्यक्रम की जानकारी पाकर सुनने और मिलने आये थे। एक बार फिर उन्हें देख पाने का यह अवसर मुझे ख़ुशी से भर रहा था। और भी बहुत से लोग साथ थे। उस समय तक कई ऐसे लोग थे, जिनसे मैं पहली बार मिल रही थी पर जो धीरे-धीरे मेरे प्रिय बनते गये।

इसके बाद मुझसे भोजन के बारे में पूछा गया और इस पूछने में यह उम्मीद शामिल थी कि मैं भारतीय भोजन की बात करूँगी पर मैंने परम्परागत जापानी भोजन में रुचि दिखाई। फिर हम लोग, जिसमें पूरा संयोजक दल और कुछ विशिष्ट विद्वान शामिल थे, जापान का परम्परागत भोजन करने के लिए एक बहुत सुन्दर ट्रेडिशनल रेस्टोरेंट में आये। बाहर से यह किसी प्राचीन कलाकृति जैसा लगता था–एंटिक पेंटिंग जैसी दीवारें उसे ख़ास बना रही थीं। एक नया और ख़ूबसूरत अनुभव! यहाँ कोट उतार कर एक तरफ लगी खूँटियों पर हैंगर पर टाँग देने का रिवाज था। अन्दर वातावरण गरम था। जापानी लोग मदिरा किस तरह पीते हैं, पहली बार यहाँ देखा। कुछ लोग दूसरी मेज़ों पर बैठे हार्डड्रिंक्स ले रहे थे, पर सभ्य और शान्त वातावरण बना हुआ था। हममें से कोई भी मदिरा पीने के लिए तैयार नहीं था। हो सकता है यह मेरे मदिरा पान से मना कर देने के कारण हो। यह मुझे धीरे-धीरे समझ में आया कि क्यों सभी ने वेजिटेरियन खाना ही खाया! सम्मान का यहाँ यह भी एक तरीक़ा दिखा।

हम सबने कई कोल्डड्रिंक्स मँगाये। ये सब भारत में नहीं मिलते। ख़ास जापान में बने थे। मुझे कोल्डड्रिंक के लिए मिस्टर दायिकी ने सुझाव दिया कि मुझे किसका स्वाद अच्छा लगेगा और उनका सुझाव बिल्कुल ठीक निकला, क्योंकि वे भारतीयों की रुचि को थोड़ा समझते हैं। इस कोल्डड्रिंक का नाम कारोपीस ड्रिंक था। फिर तेम्फूरा आना शुरू हुआ। ये तो गरम-गरम पकौड़ियाँ हैं! अलग-अलग सब्ज़ियों वाली–मुझे इनके नाम बताये जाते, उच्चारण में कर्णप्रिय कुछ शब्द याद रहते, कुछ भूल जाते। पर यह रोचक था, नयी चीज़ों का रहस्य खुलता हुआ! रहस्य अपने आप में बहुत रोचक होते हैं बल्कि दुनिया की तमाम चीज़ों से ज़्यादा आनन्द प्रदायक। ऊपर से एक लेखक तो वैसे भी रहस्यों की दुनिया को जान लेने के लिए विकल प्राणी है। 'खोजी' उसे इसीलिए माना गया है। यह खोज शब्दों के भीतर और शब्दों के बाहर बनी रहती है। यहाँ शब्दों का आकर्षण बाँधता था। 'दाईकोमओरोसी' मूली को कहते हैं, जो यहाँ के खाने में लगभग अनिवार्य रूप से शामिल होती है। यहाँ भी थी, तो बैंगन, कमल ककड़ी, अरवी, शकरकन्द, हरा गोभी, नट वग़ैरह से बने

कुरकुरे, कुछ मुलायम पकौड़े, शाम के आनन्द को बढ़ा रहे थे–अगर हम भारत में होते तो यही कहते। ख़ुशबू ऐसी कि खाने को दिल मचल जाये, पर खाते ही एक कमी लगी, उन लोगों ने मेरे कहने के पहले ही समझ लिया था तो मेरे लिए अलग से नमक लाया गया–हाँ, इतने ख़ूबसूरत और लजीज खाने में हम भारतीयों के लिए नमक चाहिए ही–नमक मिल गया तो बात बन गयी।

अब मैंने जापान का नमक खा लिया था!

क्योटो : हज़ार दरवाज़ों वाला तीर्थ

–जगह
क्योटो की गलियाँ
दिनांक–25.11.2018

क्योटो, जापान का एक प्राचीन शहर। दूसरे विश्व युद्ध की त्रासदी का शिकार यह शहर भी हुआ। पर जापानवासियों ने इसे फिर से पहले जैसा बनाने में कोई कोर-कसर नहीं छोड़ी। कभी जापान की राजधानी का गौरव पा चुका यह शहर अब भी जापान की सांस्कृतिक राजधानी के पद पर विभूषित है। इसका नाम सुनते ही भारत के वर्तमान प्रधानमन्त्री के द्वारा की गयी इसकी प्रशंसा और भारत के प्राचीन शहर बनारस से की गयी इसकी तुलना याद आ जाती है। बनारस भारत की सांस्कृतिक नगरी है, धार्मिक नहीं। प्राचीन भारत में यह लम्बे समय तक शिक्षा का केन्द्र रही थी, आज भी मेरी शिक्षा स्थली रहा बनारस हिन्दू विश्वविद्यालय, शिक्षा की गुणवत्ता के लिए जाना जाता है। शास्त्रार्थ के अनेक प्रसिद्ध क़िस्से बनारस से जुड़ते हैं। केवल शिक्षा तक बनारस सीमित नहीं रहा। मानव इतिहास का गवाह बन कर खड़ा रहा है यह नगर सदियों से...

मध्य भारत का इतिहास बनारस के ईंट-पत्थरों में अब भी गूँजता है–चाहे भक्ति आन्दोलन रहा हो या मुग़ल आगमन का इतिहास। कुछ बहुत महत्त्वपूर्ण दस्तावेज़ और शिलालेख यहाँ इतिहास की शिनाख़्त करते मिल जायेंगे। इस पुराने और अपने स्वभाव में कुछ अक्खड़ शहर को वहाँ के निवासी ख़ूब पहचानते हैं। कहते हैं कि किसी अपरिचित को बनारस अपने भीतर आने नहीं देता पर एक बार अगर किसी का प्रवेश बनारस की भीतरी दुनिया में हो जाये यानी शहर उसे स्वीकार कर ले तो यह शहर उस व्यक्ति की नसों में प्रवाहित होने लगता है–ताउम्र इस शहर से निकलना मुश्किल। चाहे आप कहीं रहें–दुनिया के किसी कोने में–एक बार बनारस

का जो हो गया, बनारसी रंग उससे छुड़ाये न छूटे। तो बनारस से मेरा ऐसा ही दिली नाता था–कबीर के 'हमन है इश्क मस्ताना वाला इश्क...' और 'लागी नाहीं छूटे रामा...' वाला लगाव...

क्योटो का नाम सुनते ही मैं एकाएक बनारस को याद करने लगी और आज क्योटो की प्राचीन भूमि को मैं देख पाऊँगी, यह सोच कर मन ही मन ख़ुश हो रही थी। बौद्ध मन्दिरों की विशाल सांस्कृतिक विरासत वाला शहर आज मुझे बुला रहा था। मैं अब क्योटो के बारे में सोचने लगी। बौद्ध विहार और बौद्ध मन्दिरों की इतनी भारी संख्या क्योटो में है तो ज़रूर ही एक समय यह अति महत्त्वपूर्ण नगर रहा होगा। होंशु (Honshu) आइलैंड के कंसाई रीजन में बसा यह शहर मेजी के शासनकाल तक जापान की राजनगरी रहा था–राज दरबार यहीं लगा करता था। यह बहुत पुरानी बात भी नहीं। आठवीं शताब्दी से लेकर सन् 1869 तक यह राजधानी बना रहा। बाद में यह राजधानी टोक्यो स्थानान्तरित हो गयी। आज भी यहाँ इम्पीरियल पैलेस है। मन में राजमहल देखने की ज़रा-सी इच्छा पैदा हुई, यहाँ के राजा, महाराजाओं ने अपने रहने के लिए कैसी भव्यता चुनी होगी? तो तुरन्त यह भी ख़याल आया कि पता नहीं जहाँ तक हम जा रहे हैं, वहाँ से महल कितना दूर हो? इतना सत्कार करने वाले लोगों को किसी भी प्रकार की कठिनाई मेरे कारण नहीं होनी चाहिए। सुना था कि तमाम चीज़ें, जिन्हें आप पूरे मन से चाहते हैं, कायनात उन्हें पूरा करने को उद्धत हो जाती है।

"यह कनॉट प्लेस जैसा है। भीड़ के मामले में।"

मिस्टर दायिकी ने कहा।

मिस्टर दायिकी का यह कहना मुझे अच्छा लगा। वे भारत में रह चुके हैं। हिन्दी पढ़े हैं। भारत के प्रति उनका अनुराग गहरा है। इबाराकी के मेरे कार्यक्रम में दायिकी के साथ यूना भी आयी थीं। यूना का गला उस दिन से ही ख़राब था, इसलिए अधिक बातचीत सम्भव नहीं हो पा रही थी। आज साथ में यूना को भी चलना था पर उनके गले ने उनका साथ देना स्थगित कर दिया अर्थात आवाज़ एकदम बन्द। तो तबीयत ठीक न होने के कारण उनका जाना टल गया।

हाँ, यहाँ काफ़ी भीड़ थी। पहली बार जापान में इतनी भीड़ दिख रही थी। मुझे कुछ हैरानी भी हुई थी। ताकात्सुकी मेट्रो से तीन स्टेशन आगे नारा के लिए भी एक मेट्रो जाती थी पर आज नारा नहीं जाना था। नारा हमारे कार्यक्रम में शामिल था और एक उत्सुक जिज्ञासा की तरह मेरे मन में। क्योटो के लिए हम लोगों ने दो जगह मेट्रो

बदली। यहाँ टैक्सी बहुत ज़रूरत पड़ने पर ही ली जाती है। यहाँ सबसे आरामदेह यात्रा मेट्रो की है।

जब हम लोग क्योटो पहुँचे तो मेट्रो से बाहर आते ही जो सबसे मुग्धकारी दृश्य था, वह सामने जापान का परम्परागत थियेटर था। उस पर तरह-तरह के खेले गये या खेले जाने वाले नाटकों की पेंटिंग बनी हुई थीं। ये पेंटिंग अपने आप में विशिष्ट लग रही थीं। अभिनय करते हुए अलग-अलग मुद्राओं में फ़िज कर दिये गये कलाकार और उनके परिधान उन्हें एक अलग ही कलात्मक पहचान दे रहे थे। इस थियेटर के बारे में जानकारी पाकर मन ख़ुश हो गया। जापान के बहुत से प्रसिद्ध नाटकों के बारे में जानने का मौक़ा मिला। लेकिन नाटक देख पाना सम्भव नहीं हो सका। नाटक देखने की योजना दो वजह से स्थगित करनी पड़ी—एक कि समय का अभाव बहुत था और मुझे अपने सारे कार्यक्रम तय समय में पूरे करने थे। दूसरा था भाषा ज्ञान, मुझे जापानी भाषा के बहुत कम शब्द आते थे, इससे मेरा काम नहीं चल सकता था। भाषा के अज्ञान ने मुझसे कला के एक इतिहास को दूर कर दिया था। थियेटर के सामने की कुछ तस्वीरें लेकर मन को समझाना हुआ।

क्योटो पहुँचते ही लकड़ी के पुरानी सज्जा वाले मकान दिखने लगे। पतली सड़कें पहली बार दिखीं। चूँकि पहाड़ी रास्ता था तो सड़कें चढ़ाई या ढलान वाली थीं। लकड़ी के मकानों में ही छोटे-छोटे रेस्टोरेंट बने हुए थे। मछली की एक अलग ही गन्ध थी वहाँ। बहुत तरह के सस्ते जापानी व्यंजन रास्ते में पड़ने वाली दुकानों में सजे थे। टूरिस्ट ख़ूब थे, इसलिए भीड़ भी थी। अधिकतर विदेशी थे उनमें भी ज़्यादातर कोरिया और चीन से आये थे। कई जगह सड़क के मोड़ पर पुलिस वाले खड़े थे और बहुत शान्तिपूर्वक लोगों को मुड़ने का इशारा कर रहे थे। इस मशीनीकृत देश में पहली बार कोई मनुष्य दिखा, जो मनुष्यों की व्यवस्था को संचालित कर रहा था। ढलान वाली सड़क पर पैदल हम लोग बढ़ रहे थे। यहाँ सवारी नहीं चल सकती, पैदल ही जाना होगा। बहुत-सी महिलाएँ और छोटी लड़कियाँ जापान की परम्परागत पोशाक कीमोनो पहने दिखने लगी थीं। जगह-जगह ऐसी दुकानें भी थीं, जो कीमोनो किराये पर देती थीं। स्त्री और पुरुषों के लिए अलग-अलग तरह के कीमोनो थे—सुन्दर और शोख़ रंगों वाले भी, पहली बार इतने शोख रंग जापान में दिख रहे थे। तो मुझे ये असली रंग लगे। मनुष्य ने प्रकृति की निकटता से अपने लिए रंग चुने होंगे कभी और प्रकृति प्रसन्न रंगों से भरी हुई है। धुँधले और मरियल रंग प्रकृति भी किन्हीं ख़ास अवसरों के लिए ही रखती है। जीवन का रंग तो चटक ही हो सकता है। मुझे खिले हुए चटक रंग बहुत पसन्द हैं। यहाँ तक कि तोते का हरा

रंग मेरी आँखों में अटक जाता है, छूटता ही नहीं। कई बार मेरी ऐसी पसन्द देखकर लोग कहते–"अच्छा तो भारतीय रंग पसन्द हैं आपको।"

मुझे लगता है इसे जीवन का रंग कहा जाना चाहिए। हाँ, यह सही है कि भारत के विभिन्न क्षेत्रों में चटक रंगों की भरमार है–राजस्थान हो या पंजाब, कश्मीर हो या केरल...रंग ही रंग बिखरे हैं। धुँधले रंग कहीं नहीं या इसे ऐसे कहूँ कि जीवन ही जीवन बिखरा है, निर्जीव कुछ भी नहीं...न पेड़-पल्लव, न धूल-मिट्टी...मिट्टी के घरों पर की जाने वाली लाल, नीले, हरे रंगों की चित्रकारी और रंग गन्धयुक्त रंगाई-पुताई की कुछ विधियाँ याद आयीं।

कीमोनो पोशाक के साथ एक और सुन्दर परम्परा थी–बालों में फूल लगाने की। लगभग सभी ने बालों में ऐसे क्लिप लगाये थे, जिनमें सुन्दर रंग-बिरंगे फूल लगे थे। कुछ लोगों ने तो कई क्लिप लगाये थे यानी ज़्यादा फूल। शायद कभी पुराने ज़माने में, जब मनुष्य प्रकृति से अपने सम्बन्ध और अपनी निज की प्रसन्नता को व्यक्त करने के तमाम तरीक़े अपनाता था, प्रकृति से सामग्री ले अपने को सजाना दरअसल प्रकृति का एक अंग हो जाने जैसा ही है या प्रकृति की निकटता का आभास पाने जैसा। ज़रूर ही एक समय में ये फूल असली होते होंगे और स्त्री-पुरुष भारत की तरह ही फूलों की सज्जा पसन्द करते होंगे। यह एक जगह मुझे ऐसी मिली, जहाँ जापान का प्रकृति के साथ साहचर्य का गहरा पुराना रिश्ता दिखा। स्त्री-पुरुष भी फूल की तरह ही कोमल दिखाई पड़ते हैं। भले ही वे कठोर श्रम करते हों। प्रकृति और मनुष्य का यह रिश्ता आदिम और अनन्तिम है। राजा रवि वर्मा की पेंटिंग 'शकुन्तला' की तरह, जो प्रकृति जैसी लगती है, फूलों से श्रृंगार की हुई, हिरन के बच्चे को दुलारती...कालिदास की कल्पना से निकल कर रवि वर्मा की कल्पना में प्रकृति का मूर्तिमान रूप बन कर प्रकट होती...

मेरे आसपास कई स्त्रियाँ कीमोनो पहने घूम रही थीं। यह पारम्परिक परिधान सुन्दर और कलात्मक है, इसमें लोच है और लहराने की कला भी, पर कामकाजी महिलाओं के लिए इसे उपयुक्त नहीं माना जा सकता। शायद इसीलिए जापान में पुरुषों और स्त्रियों ने अपने अधुनातन विकास के साथ इस परिधान को पहनना लगभग छोड़ दिया है। अब यह केवल किन्हीं ख़ास मौक़ों पर पहना जाता है–शादी आदि के मौक़ों पर। तब मुझे यह जिज्ञासा होनी ही थी कि यहाँ पहली बार मुझे कीमोनो पहने लड़के-लड़कियाँ दिख रहे हैं तो कैसे? और पता चला कि यहाँ किराये पर किमोनो मिलते हैं और ऐसी बहुत-सी दुकानें हमें रास्ते में दिखती रहीं। यहाँ आने वाले टूरिस्ट भी किराये पर किमोनो लेकर अपना शौक़ पूरा करते हैं। कोरिया आदि

से आये टूरिस्ट भी और अन्य जगहों के भी। लेकिन जापानी युवा लोग भी अपना शौक़ पूरा करने के लिए ज़्यादातर किराये पर किमोनो लेकर पहनते हैं और फ़ोटो खिंचवाते हैं।

"हिन्दुस्तान में सभी लड़कियों के पास साड़ी होती है?"

यह एक सहज प्रश्न मुझसे पूछा गया था।

जापान में सभी लड़कियों के पास कीमोनो नहीं होते, क्योंकि उन्हें इसकी ज़रूरत नहीं पड़ती। परन्तु हिन्दुस्तान में अभी साड़ी का चलन बना हुआ है बल्कि कई जगह, ख़ासकर लड़कियों के स्कूलों में शिक्षिकाओं का साड़ी पहन कर आना अनिवार्य है। शादी-ब्याह आदि मौक़ों पर तो ख़ूब धूमधाम से साड़ियाँ पहनी जाती हैं बल्कि यह कहना चाहिए कि हिन्दुस्तान से साड़ी का चलन कभी ख़त्म नहीं हो सकता। स्त्रियों के लिए यहाँ का औपचारिक परिधान अभी भी साड़ी है। आधुनिकता ने बहुत जगह इसके उपयोग को कम कर दिया है, पर पसन्द को कम नहीं कर सका। इसलिए युवा लड़कियाँ भी साड़ी ख़रीदती हैं और पहनती हैं।

मोटे लोग जापान में कम ही दिखते हैं। शायद यह कठोर अनुशासन और परिश्रम के कारण हो या खान-पान में फैट कम होने के कारण भी हो सकता है या प्रकृति ने उन्हें यह वरदान दिया हो, तो ज़्यादातर लोग छरहरे ही दिखते हैं।

यहाँ की गलियों को देखकर सहज ही बनारस की गलियाँ स्मृति में सजीव हो जाती हैं। ख़ासकर विश्वनाथ मन्दिर की विश्वनाथ गली, जिसमें दोनों तरफ घना बाज़ार सजा रहता है। सँकरी इतनी कि भीड़ से बच कर चलना मुश्किल होगा और कई बार तो भीड़ बिना पूछे आपको बाहर तक पहुँचा देगी। बाज़ार चमक-दमक से भरा, सोने-चाँदी से लेकर लकड़ी के खिलौने, चूड़ियों, रेशमी साड़ियों, पूजा का सामान, शादी का सामान, कपड़े या कह लें कि जीवन से जुड़ी हर चीज़ विश्वनाथ गली में मिल जायेगी। ऐसी जीवन्तता और शोर से भरी गली में जो एक बार घुसा, वह जीवन में कभी उसे विस्मृत नहीं कर सकता। अजीब मिजाज की है यह गली– अपने आप में पूरा एक चरित्र है इसका, तो एक इतिहास भी है। भूला तो क्योटो की गली को भी नहीं जा सकता। पर यहाँ वैसा शोर नहीं। दोनों तरफ स्ट्रीट फूड का बाज़ार सजा है। इतनी सुंगध और भोजन के रंग दिख रहे हैं। ज़्यादातर दुकानें पक्की नहीं हैं या छोटी-छोटी झोपड़ीनुमा है। कुछ बड़ी दुकानें हैं, जैसा कि बाज़ार की रीति होती है, बड़ी दुकानें महँगी बहुत हैं। पर छोटी हो या बड़ी साज-सज्जा का जवाब नहीं। मूँगफली और मिठाइयाँ इतनी सुन्दरता से पैक की गयी हैं कि खाने की चीज़ से ज़्यादा पैकिंग का सौन्दर्य लुब्ध करने वाला है। मिठाइयाँ दालों की बनी हैं।

पहली बार यहाँ आकर जाना कि मिठाइयों का राजमा वाला स्वाद भी हो सकता है। यह स्वाद अपने आपमें अपूर्व है। सड़क किनारे की दुकानें अपनी सज-धज में ख़ास दिखती हैं। बड़े-बड़े तवे लगे हुए हैं जिन पर कुछ मांसाहार पक रहा है। देखने में सुन्दर लग रहा है, पर मैं मांसाहार नहीं खा सकती। यह बात यहाँ अब सबको पता चल चुकी है। इसलिए कोई भी मुझसे ऐसा कुछ खाने का आग्रह नहीं करता, बल्कि शाकाहारी व्यंजनों में बेहतरीन खाना मैंने यहाँ खाया है। बेकरी बहुत कम है, यहाँ ही नहीं, पूरे जापान में। दरअसल वह यहाँ के चलन में है ही नहीं। वह आयातित चीज़ है, बाहर से आयी हुई। उसकी आदत भी जापानी लोगों को नहीं है। माचा चाय भी मिल रही है। कॉफ़ी भी। हम कुछ थकने के बाद कॉफ़ी पी सकते हैं या कुछ ऐसा खा सकते हैं, जो शाकाहार हो।

खाने के ख़याल पर मुझे जापानी लेखक हारूकी मुराकामी के उपन्यास 'काफ्का ऑन द शोर' की याद आयी। उसका मुख्य पात्र एक किशोरवय लड़का था, जिसे 'उडोन' खाना बहुत पसन्द था। वह लड़का बार-बार ढाबे जैसी जगह पर 'उडोन' खाता था। जैसे ही मुझसे खाने के बारे में पूछा गया, मैंने उडोन के बारे में पूछ लिया। मुझे उडोन के बारे में और कुछ पता नहीं था। अब पता चला कि यह मैगी जैसी कोई चीज़ है, सब्ज़ियों और मछली के सूप में नूडल्स पड़ा रहता है। साथ ही अन्य सभी सूप की तरह सोया पनीर के एक-दो टुकड़े भी। सोया पनीर जापान के खाने में ख़ूब है बल्कि उसका अविभाज्य अंग है। सोया में प्रोटीन की मात्रा सर्वाधिक होती है और इस तरह खाने में प्रोटीन आवश्यक रूप से उपस्थित रहता है। यह बात मुझे सोच कर जितनी अच्छी लगी थी, शुरुआत में सोया पनीर खाकर उतना अच्छा नहीं लगा था। बल्कि दूध का पनीर यहाँ बहुत ही कम है और पनीर कहने पर सोया पनीर ही उपलब्ध होता है। डेयरी की चीज़ें भी यहाँ के भोजन में बहुत कम हैं। शायद यहाँ डेयरी की बहुत कम व्यवस्था रही होगी। समुद्र भी इसका कारण हो सकता है। समुद्री भोजन पर अधिक निर्भरता ने और पशुपालन के लिए समतल भूमि की कमी ने गाय-भैंसों के दूध-दही से जुड़े व्यंजनों को यहाँ पनपने नहीं दिया होगा। ऐसा मैंने अनुमान किया। खान-पान, वेशभूषा पर भौगोलिक स्थितियों का गहरा प्रभाव होता ही है। तो अब हमारी खोज यह भी थी कि ऐसा 'उडोन' मिले, जिसमें मछली का सूप न पड़ा हो।

सबके साथ एक ढाबे में ज़मीन पर परम्परागत तरीक़े से बैठकर मैंने 'उडोन' (Ume Jiso Udon) और 'इनारी' (Inari) खाया। ईनारी–यह व्यंजन चावल का बना होता है पर यह ओमूराइस या राइस बॉल नहीं है। यह बिल्कुल अलग है।

जापानी के ईन (Ine) का अर्थ है चावल और चावल के देव हैं इनारी। 'शिंटो गॉड ऑफ़ राइस' कहलाते हैं। इस तरह खाने की सुरक्षा करने वाला देवता हैं इनारी देव। इन्हें समृद्धि का देव भी माना गया है। शिंटो श्राइन में इनकी बड़ी महत्ता है। पूरे जापान में इनके लगभग चालीस हज़ार श्राइन हैं। सबसे पुराना फुशिमी इनारी श्राइन क्योटो में है, जहाँ हम कुछ देर में जाने वाले हैं। खाने की सुरक्षा और देव से उसका सम्बन्ध अनूठा है। शायद समुद्र और तूफ़ान ने इस सम्बन्ध को जन्म दिया हो।

'उडोन' को खाना थोड़ा मुश्किल था, क्योंकि मेरा अभ्यास लकड़ी की दो चॉपस्टिक से खाने का नहीं था, फिर भी मैंने कोशिश की। सीखने की।

वर्षों का अभ्यास एक दिन में हासिल नहीं किया जा सकता।

मेरे प्रयत्न सफल नहीं हुए। आख़िरकार मैंने चम्मच से खाया।

"आप तो भारतीय हैं, हाथ से खा सकती हैं।"

यह सही था। हम भारतीय अपनी भारतीयता में ही सहज हो सकते हैं। मेरी सहजता मेरे भारतीयपन में थी। सो मैं अपने भारतीयपन पर लौट आयी। मैं यहाँ भारतीय साहित्य की प्रतिनिधि हूँ, मुझे यह भूलना नहीं चाहिए। मैंने अपने आपसे कहा और हाथ से इनारी खाया। नूडल्स को हाथ से नहीं खाया जा सकता था, चम्मच से ही खाना पड़ा। हमारे खाने में नूडल्स है भी नहीं। इसलिए उसके खाने का तरीक़ा भी नहीं है। आटे की बनी सेवइयाँ हैं, जिन्हें मीठा या नमकीन, दोनों विधियों से पकाया जा सकता है, पर वे नूडल्स नहीं हैं। जापान में कितना भी छोटा ढाबा हो, हाथ धोकर खाने की परम्परा बची हुई है। बड़े होटलों में भोजन से पहले भीगा हुआ नैपकिन आता है, जाड़ों में उससे भाप उठती रहती है। लोग रगड़ कर हाथ धोते हैं, छोटे ढाबों में भी भीगा नैपकिन दिया जाता है। मुझे यह अच्छा लगा। एशिया के लोग हाथ धोकर भोजन करते हैं और भोजन को यथोचित सम्मान देते हैं।

यहाँ तुसमी इनार स्टेशन है, शायद यह तुसमी इनारी मन्दिर के नाम पर रखा गया होगा। हम तुसमी इनारी मन्दिर देखने गये।

"यहाँ भी चीड़ के पेड़ हैं!"

"मात्सु (Matsu-Pine tree) के पेड़ हैं।"

मात्सु का पेड़ देख कर अच्छा लगा। पता चला कि मात्सु के पेड़ों को पवित्र माना जाता है। इनका सम्बन्ध कहीं बौद्ध मन्दिरों से भी है।

लाल-लाल पत्तों वाले बहुत से पेड़ थे। पता चला इन्हें मोमीजी कहते हैं। इस बार पेड़ पत्तों से लदे तो थे, पर पत्ते कम लाल थे, इसका कारण पता चला कि सन् 2016 में आया भयावह तूफ़ान था, जिसने जापान में बहुत कुछ को प्रभावित किया।

पेड़ों के पत्ते भी इसके गवाह बने। हालाँकि यह साकुरा के फूलों के लगभग बीत जाने का समय था, पर उसके पेड़ फूलों के होने की गवाही देते से लगते थे, कुछ फूले, कुछ हरे भरे से। तभी यह पता चला कि साकुरा पर भी इस साल तूफ़ान का असर था। इसके बावजूद साकुरा कहीं-कहीं कम ही सही मेरे देखने के लिए कुछ फूल बचाये हुआ था। कभी अवसर मिला तो साकुरा खिलने के मौसम में जापान को देखना होगा। कहते हैं कि इसके ख़ूबसूरत फूलों से लदे पेड़ इतने फूल बरसाते हैं कि आपका रास्ता फूलमय हो जाता है। जापान की ऋतुएँ भारत की तरह ही हैं। यहाँ भी बसन्त (फरवरी) के हल्के गुनगुने मौसम में साकुरा का वैभव लुटाता आता है।

"आपको आर्किटेक्चर में बहुत रुचि है?"

"मनुष्य के दिमाग़ की कलात्मक क्षमता को जानने में दिलचस्पी है।"

मेरे इस जवाब पर लोगों ने सिर हिला कर समर्थन-सा किया।

यहाँ का आर्किटेक्चर अनोखा है। खपड़ैल की सुन्दर छतें और लकड़ी पर बढ़िया बारीक कारीगरी मनुष्य के सौन्दर्य बोध की गहराई बयान करती है। राजमहल के अतिरिक्त भी बहुत से दर्शनीय स्थल हैं। कियोमिजु डेरा (Kiyomiju–dera) का स्थापत्य देखते बनता है–अद्‌भुत! लकड़ी से बने ऊँचे और विशाल बौद्ध मन्दिरों की स्थापत्य कला को शब्दों में बाँध पाना मुश्किल है। इसे रचने वाले शिल्पकारों के प्रति मन श्रद्धा से भर उठता है। कियोमिजु चारों तरफ खम्भों से घिरा है। इसके बाद किंकाजु जी (Kinkaju ji) गये। इसका पवेलियन सुनहरा चमकता हुआ है। दूर से ही इसकी ऊँची जहाज़ जैसी छत दिख जाती है। ऐसी ख़ास शिल्प वाली मन्दिर की छत के लिए कोई ख़ास शब्द होगा, जिसकी मुझे जानकारी नहीं। गिंकाजु जी (Ginkaju ji) भी बड़ा बौद्ध श्राइन है। एक जगह मैंने कुण्ड के जल से हाथ धोकर प्रार्थना भी की। प्रार्थना की लम्बी लाइन लगी हुई थी। कुछ लोगों ने प्रार्थना में हाथ भी जोड़े थे। सामने एक बड़ा-सा बाक्स जैसा लगा था, लोग इसमें श्रद्धापूर्वक पैसे डालते थे और भगवान बुद्ध का स्मरण करते थे। कुछ लोग मनौतियाँ भी मान रहे थे। सुन्दर पवित्रता वातावरण में थी। मैंने इस समय तक जापानी मुद्रा से भलीभाँति पहचान कर ली थी। इसलिए दस रुपये का सिक्का डालने में मुझे परेशानी नहीं हुई। कुछ लोग बाहर रखे एक बॉक्स में इसी तरह पैसे डाल कर अपना भाग्य फल देख रहे थे। भाग्यफल जानने की जिज्ञासा मनुष्य की आदिम जिज्ञासा है। अनागत की पदचाप को किसी के द्वारा बता देना, जान लेना आकर्षक तो लगता ही है। यह आकर्षण इतना खींचता है कि तमाम बुद्धिमान लोग भी कुछ देर को बुद्धि और विवेक भूल सकते हैं। ज्योतिष की बात अलग है, वह गणना पद्धति पर आधारित

एक विद्या है, जो एशिया के अनेक भागों में विकसित हुई। भारत में कभी यह विद्या अपने उत्कर्ष पर रही है। आज भी आमजन के जीवन में इसका आकर्षण कम नहीं हुआ है। बड़े-बड़े नेता और बड़े पदों पर विराजमान लोग भी अपने जीवन की सटीक ज्योतिष गणना कराना चाहते हैं। एक समय भारत की ज्योतिष विद्या ने एशिया को बहुत प्रभावित किया होगा। कुछ आदान-प्रदान भी हुए होंगे। आचार्य हजारी प्रसाद द्विवेदी ने अपने उपन्यास 'अनामदास का पोथा' की भूमिका में इस पर प्रकाश डाला है।

तो यहाँ कई चीज़ें अलग-अलग रंग में थीं, किसी एक जगह पर बहुत सारे मन्नत माँगने वाले कार्ड टँगे थे। ऐसे कार्ड कई जगहों पर टँगे थे। हज़ारों लोगों ने लाखों मन्नतें माँगी थीं। जिनकी मन्नत पूरी हो जाती, वे धन्यवाद का कार्ड लगा जाते थे। यह बिल्कुल हमारे यहाँ के लोक विश्वासों की पद्धति से मेल खाता था। बहुधा मन्दिरों के परिसर में या पीपल आदि के वृक्ष पर, कहीं-कहीं वट वृक्ष पर भी लाल धागे बाँध कर मन्नत माँगने की परम्परा है। हरिद्वार के मनसा देवी मन्दिर की दीवारें और पेड़ पर हज़ारों वर्षों से, लाखों-लाख ऐसी मनौतियों के धागों से लिपटे पड़े हैं। जिनकी मन्नत पूरी हो जाती है, वे धन्यवाद का भी धागा बाँधने आते हैं। अपनी माँगी मन्नत पूरा होने पर कई धागा खोलने भी आते हैं। यह स्थान शिमोगामा श्राइन था। इसकी ऊँची छत लाल थी, जबकि कामीगामा श्राइन का पवेलियन गोल्डेन था। इसकी चारों तरफ परिक्रमा करने के बाद हमने इसके भव्य और ऊँचे लाल खम्भों वाले गेट के सामने तस्वीरें खिंचवाईं। ये दो लाल खम्भे किसी विशाल द्वार की तरह श्राइन के आगे सुशोभित थे। हज़ारों टूरिस्ट इसके सामने तस्वीरें खिंचवा रहे थे। इन श्राइन का अपना इतिहास था और इसी के साथ अनेक मिथक और परम्पराएँ इनसे जुड़ी हुई थीं।

दूसरी विशाल मूर्ति यहाँ लोमड़ी की थी, जो ठीक द्वार पर लगी थी। द्वार की प्रहरी की तरह सजग। लाल तोरी गेट और द्वार पर विराजमान यह मूर्ति अतिप्रसिद्ध है। ऐसा विश्वास प्रचलित है कि यह लोमड़ी ईश्वर का दूत है, जो ईश्वर का सन्देश लेकर पृथ्वी पर आयी है। जानवर को ईश्वर का सन्देशवाहक मानने की परम्परा हमारे यहाँ भी है। यह ईश्वर और मनुष्य के बीच पुल की तरह जानवर को नहीं देखता, बल्कि जानवर और मनुष्य के रिश्ते को भी व्याख्यायित करता है। ईश्वर के दूत को हानि नहीं पहुँचाई जा सकती तो इन जानवरों को आदर प्राप्त हो जाता है। मुझे अच्छा लगा कि हमारे यहाँ भी नागराज कम महत्त्वपूर्ण देव नहीं हैं। उन्हें आदरपूर्वक दूध पिलाने की लोक परम्परा है। उन पर नागपंचमी का त्योहार भी

केन्द्रित है और हमारे आदिवासी इलाक़ों में अलग-अलग जानवर देव के रूप में पूज्यनीय हैं। ये उस क्षेत्र विशेष या कबीले विशेष के टोटम (Totem) कहलाते हैं। उन जानवरों को मारना निषिद्ध होता है। हमारे यहाँ अनेक पशु-पक्षी ईश्वर के निकट उनकी सेवा में तैनात हैं, सरस्वती के पास हंस है, कार्तिकेय के पास मोर है, लक्ष्मी के पास उलूक है तो गणेश जी के पास सबसे छोटा पर तीव्र धावक चूहा है। मनुष्य और ईश्वर के ऐसे सम्बन्ध मनुष्यों ने प्रकृति के स्नेह-सन्तुलन और पारिस्थितिकी सन्तुलन के साथ जाने-अनजाने जोड़ लिये हैं।

यहाँ से चलते हुए हम परम्परा के उस पगचिह्न तक पहुँचे जो अपने अतीत के साथ वर्तमान में भी पूरी भव्यता से खड़ा था। यह था दस हज़ार द्वारों वाला फुशिमी इनारी ताईशा (Fushimi Inari-Taisha) नारंगी रंग के सिन्दूरी खम्भों वाले ये दस हज़ार गेट तोरी गेट कहलाते हैं और उनके बीच से जाने वाला रास्ता तोरी पथ कहा जाता है। हम इस तोरी पथ से गुज़र रहे थे। ये गेट ऊपर से जुड़े हुए थे जिससे रास्ते में छाया हो जाती थी। रास्ता लम्बा था, कुछ लोग इस रास्ते से गुज़रते हुए मोबाइल से सेल्फी ले रहे थे। पर शोर नहीं था, जैसा कि अमूमन यात्रियों की उपस्थिति में होता है। वातावरण में पवित्रता की गन्ध थी और कहीं न कहीं एक अनुशासन अपने आप बना हुआ था। यहाँ तोरी गेट लगने के पीछे प्राचीन परम्परा का बड़ा योगदान था। कहते हैं कि ईडो पीरियड (Edo period–1603-1868 CE) में अपनी कोई मनोकामना पूरी करने के लिए या अपनी किसी मनोकामना के पूरी होने पर ईश्वर को धन्यवाद देने के लिए तोरी दान करने का प्रचलन था। कई प्राचीन राजाओं ने भी यहाँ तोरी दान किया है। अब नये समय में यह प्रचलन में नहीं रह गया। इनकी संख्या लगभग दस हज़ार के ऊपर है। इस तोरी पथ से गुज़रते हुए मुझे कुछ दार्शनिक ख़याल आ रहे थे। शायद यह जगह का प्रभाव हो। ये तोरी गेट एक प्रतीक की तरह लग रहे थे। मन के दस दरवाज़ों के प्रतीक की तरह। क्या मन के दस हज़ार दरवाज़े हैं? इन सबसे मनुष्य को गुज़रना है या कि ये हजार दरवाज़े मन के हज़ार कोने हैं, जिन्हें पार करना एक चुनौती है। मन के गोपन को किसने पूरा जान लेने का दावा किया है? मन के हज़ार दरवाज़ों से कौन पूरा गुज़र कर गन्तव्य के अन्त तक पहुँच पाया है? हज़ार में उलझा मन, हज़ारों में उलझा देता है–दुनिया जहान के हज़ार रूप...या हमारी पुरा कथाओं में वर्णित स्वर्ग के नौ सौ निन्यानबे दरवाज़े की तरह ये हज़ार दरवाज़े हैं, हज़ारवाँ द्वार स्वर्ग पर खुलेगा या कि ये हज़ार दरवाज़े दुनिया के हज़ार रंग के प्रतीक रच रहे हैं, जिनमें डूब कर जाना है या जिनसे पार पाना है!

इसी कुछ में उलझे हुए मेरे मन में साउथ कोरिया की एक मशहूर फ़िल्म कौंध गयी–'स्प्रिंग, समर, फॉल, विंटर...एंड स्प्रिंग' इसकी पूरी कहानी एक बुद्धिस्ट मॅन्क के इर्दगिर्द घूमती है और बहुत काव्यात्मक अन्दाज़ में फ़िल्म कुछ प्रतीक रचती है। ऐसा लगता है यह फ़िल्म नहीं, एक कविता है...फ़िल्म में एक दरवाज़ा आता है जो जलाशय के बीच खुलता है। यह दरवाज़ा दुनिया की तरफ़ खुलता दरवाज़ा है, जो ज़रूरत पड़ने पर बौद्ध भिक्षुक के मन्दिर को दुनिया के लिए खोलता है या जो शान्ति के प्रयत्नों को दुनिया से जोड़ता है। फ़िल्म के प्रारम्भ में छोटा बच्चा बौद्ध मॅन्क, नदी के जल में एक खेल, खेल रहा है, मछलियाँ पकड़ने का, धीरे-धीरे वह अपने खेल से भटक कर मछली के पंखों को बाँध कर जल में छोड़ देता है, फिर मेंढ़क...अब न मछली तैर सकती है न मेंढ़क छलाँग लगा सकता है... इस खेल में उसे आनन्द आने लगता है। उसका शिक्षक वृद्ध मॅन्क यह जान जाता है और सज़ा के तौर पर सोते समय उसके हाथ पाँव बाँध देता है। सुबह उठने पर जब बच्चा नहीं चल पाता, अपना काम करने में असमर्थ होता है तो उसे अपने कर्म का अर्थ समझ में आता है। गुरु के कहने पर मुक्त होते ही वह अपना कल का काम देखने जाता है। वह दुखी होता है कि उसके ज़रा-से आनन्द ने कुछ मछलियों, मेंढ़कों की जान ले ली थी।

अगर अपना जरा-सा आनन्द दूसरों के असह्य दुःख का कारण बनता है तो वह आनन्द त्याज्य है। जीवन में बड़ा होकर वही बालक जब दुनिया में सामान्य जीवन जीना चाहता है तो दरवाज़ा फिर खुलता है। ग़लतियाँ फिर होती हैं। वह बचपन का पढ़ा पाठ भूल चुका होता है। दुनियावी जीवन में उलझे हुए हममें से ज़्यादातर को बचपन का पढ़ा पाठ भूल जाता है!

दरवाज़े खुलते हैं तो हमें जीवन जीने की लालसा से भरते हैं पर यही वह दरवाज़ा है, जहाँ मूल्यों को, संवेदना को बचाने के लिए सचेत रहना भी सीखना होगा।

लाल तोरी गेट के ये हज़ार हज़ार दरवाज़े...

मनोकामनाओं से सजे, आशीष से रचे हज़ार हज़ार दरवाज़े...

कंसाई बोली के बारे में जापानी लेखकों के उपन्यासों में पढ़ा था। हारूकी मुराकामी का पात्र कंसाई रीजन की बोली के उच्चारण के प्रभाव को पहचान लेता है। भाषा के आठ कोस पर बदलने वाली कहावत दुनिया के हर कोने में मिल जायेगी। यहाँ भाषा के कुछ परिवर्तन स्पष्ट थे। हालाँकि मेरा जापानी भाषा ज्ञान न होने के कारण मेरे लिए इसे स्पष्ट पहचानना मुश्किल था। पर प्रोफ़ेसर ताकाहाशी इसे साफ़

समझा सकते हैं। भाषा के बारे में उनका ज्ञान असीमित है, ऐसा उनसे मिलकर मुझे लगा था और साथ ही वे भारतीय भाषा की अनेक बोलियों को लेकर जिज्ञासु भी हैं। एक बार उन्होंने मुझसे भोजपुरी बोलने और उसका अवधी से अन्तर स्पष्ट करने की जिज्ञासा व्यक्त की थी। तब मैंने बनारसी भोजपुरी, बलिया क्षेत्र में बोली जाने वाली बलियाटी और अवधी के कुछ वाक्य बोल कर अन्तर समझाने का प्रयास किया था। अपने क्षेत्र की बोलियों को भी वे ज़रूर बेहतर जानते होंगे। उन्होंने जापानी भाषा में समय के साथ आये परिवर्तन की कुछ बातें बतायी थीं और आदरसूचक सम्बोधनों या स्त्री-पुरुष के लिए बोले जाने वाले जेंडर सूचक सम्बोधनों के बदलने के बारे में उदाहरण देकर बताया था। उस दिन अनौपचारिक बातचीत के बाद मैंने सोचा था कि उनके इस ज्ञान को ज़रूर याद रखूँगी पर मुझे वे शब्द अब भूल चुके हैं। प्रोफ़ेसर ताकाहाशी को भारतीय भाषाओं में गहरी दिलचस्पी है, यह बात मैं इसलिए कह पा रही हूँ कि जिस समय मेरी बात उनसे हो रही थी, वे मराठी जापानी शब्दकोश तैयार कर रहे थे। हिन्दी के विद्वान तो वे हैं ही।

जापान की फ़िल्म सिटी

क्योटो ही वह जगह है, जहाँ जापान की फ़िल्म सिटी भी है। इस नज़रिये से देखें तो यहाँ की हरियाली और पुराने तरह के ख़ूबसूरत लकड़ी के मकान, प्राचीन रहस्यों को लपेटे खड़े भव्य और विशाल मन्दिरों के प्रांगण, मद्धिम गति से बहती कतसुरा नदी, मात्सु के घने पेड़, लाल पत्तों से ढँके मुस्काराते से लगते मीमोजी...उतार चढ़ाव वाली पहाड़ी सड़कें...दोनों तरफ बाज़ार से सजी पतली ग़लियाँ...किसी भी फ़िल्म की शूटिंग के लिए मुफीद जगह हो सकती है। कहते हैं कि यहाँ प्रसिद्ध 'समुराई' एक्शन फ़िल्मों की शूटिंग होती रही है। समुराई–युद्ध कौशल का एक बिल्कुल अलग और अनोखा तरीक़ा, जिसे मैंने फ़िल्मों से ही समझा-जाना था, मेरे दिमाग़ में एक क्षण के लिए कौंध गया। कमल हासन की एक भारतीय फ़िल्म की याद भी इस कौंध में शामिल हो गयी–'इंडियन'। यह तमिल फ़िल्म थी, जिसे एस. शंकर ने निर्देशित किया था। कमल हासन इस फ़िल्म में प्राचीन मार्शल आर्ट 'वर्माकल्लाई' में दक्ष दिखाये गये हैं और भ्रष्टाचार में लिप्त लोगों को इसी कला से सबक सिखाते हैं। यह पचास हज़ार साल पुराना भारतीय मार्शल आर्ट माना जाता है। एक ऐसी कला, जो युद्ध में अपना कोई निशान नहीं छोड़ती, नये लोग जिससे पूरी तरह अनजान हैं या शायद उनकी सोच में यह सम्भव ही नहीं कि एक बूढ़ा, जो कभी भारतीय स्वाधीनता आन्दोलन का हिस्सा रहा था, एक ऐसी युद्ध कला में माहिर हो सकता है!

यही वह जगह थी, जहाँ मुझे जापान की धरती पर अचानक अपने भाई डॉ. सुचित की याद आयी। उदात्तता की भारतीय संकल्पना को अगर आज देखना हो तो उसका एक प्रतिरूप सुचित के मन में मिलेगा। वे केरल निवासी हैं, संवेदनशील कवि हैं और प्राचीन मार्शल आर्ट 'कलरिपायट्टु' के जाने-माने और दुनियाभर में प्रसिद्ध विशेषज्ञ भी हैं और अनेक राष्ट्रीय, अन्तरराष्ट्रीय सम्मानों से सम्मानित भी।

सारी दुनिया से लोग उनसे यह कला सीखने आते रहते हैं। उन्होंने मुझे शायद तीन हज़ार साल पूर्व के ऐसे नारियल और अन्य वृक्षों के पत्ते दिखाये, भोजपत्र भी और काष्ठ पत्र भी, जिन पर इस कला से जुड़ी प्राचीन जानकारियाँ अंकित थीं, जिन्हें प्राचीन ऋषियों की मनस्वी मेधा ने रचा था और जो पत्तों पर कुछ इस तरह की स्याही या किसी वृक्ष के रस से लिखी गयी थीं, जिसे देखना तभी सम्भव था, जब उसे ऐसे ही किसी ख़ास वृक्ष के रस में डुबाया जाये। 'कलरिपायट्टु' का अपने इतने निकट साक्षात प्रदर्शन देखना अद्भुत था, आँखें आश्चर्य से खुली रह जाती थीं–सुचित भाई और उनकी आठ साल की बेटी भाग्या ने यह अद्भुत कला प्रदर्शित की थी। उनकी तलवारों की यह कलाबाजी भीतर तक झकझोर देने वाली है।

इस फ़िल्म के साथ ही मुझे 'द लास्ट समुराई', जो बहुत बाद की फ़िल्म है, उसके कुछ दृश्य याद आये और अब मुझे बौद्ध मन्दिरों को देखने की एक नयी रोशनी मिलने लगी। कुछ फ़िल्में भी याद आयीं। एक पुरानी जापानी फ़िल्म 'सेवेन समुराई' नाम से भी बनी थी, जो संयुक्त राज्य अमेरिका में सन् 1954 में रिलीज हुई, मशहूर निर्देशक अकिरा कुरोसावा ने इसका निर्देशन किया था।

लम्बे बारामदे और कुछ आयताकार परिक्रमा के भव्य किनारे...लगता था समुराई योद्धा यहाँ से कभी आशीष की मुद्रा धरे प्रस्थान किये होंगे। कभी यहाँ, शायद किनारे फैले इस विस्तृत भूमि खण्ड पर युद्धाभ्यास की कक्षाएँ चल रही होंगी...कभी यहाँ कैसी अलग और ऊर्जस्वित ध्वनियाँ गूँजती होंगी...क्या कान लगा कर सुनने पर उनकी कुछ अनुभूति हो सकेगी? क्या पता आज भी वे ध्वनियाँ यहाँ तिर रही हों...हम उन्हीं के बीच चलते हुए उनके स्पर्श की कोई अनुभूति से पल भर को ठिठके भी होंगे!

और संग्रहालय, यह तो अतीत का कोई मायावी ख़ज़ाना है...

खुलता जाता है तो उसके भीतर से कितना कुछ करवट लेता सामने खड़ा हो जाता है...

जाने कितनी कहानियाँ मन्दिर के भीतर, इन संग्रहालयों के अनोखेपन में समायी हैं!

संग्रहालय में घूमते हुए हम एक जगह रुके, वहाँ एक महिला बहुत आदर के साथ सभी को मुफ्त में चाय पिला रही थीं। यह चाय 'माचा टी' थी, ख़ास जापानी चाय। किसी प्राकृतिक वृक्ष या पौधे से बनी थी। मैंने इसका प्लांट नहीं देखा पर इसका हरबल होना लोगों से जान लिया था। चाय चूरन की तरह एक डिब्बे में थी

और महिला के हाथ में गरम पानी का फ्लास्क था। उन्होंने मुझे भी एक कप में गरम पानी डाल कर चम्मच से हरा चूरन डिब्बे से निकाला और कप में मिला दिया। चीनी या नमक की कोई आवश्यकता इस चाय को नहीं। यह अपने स्वाद में अनूठी है। चाय पी कर सचमुच अच्छा लगा, वह भी मुफ्त की चाय, वह भी लगातार चलते-चलते थकने वाली जगह पर। यह व्यवस्था अच्छी लगी। अगर आपको चाय अच्छी लगी तो आप वहाँ से चाय के पैकेट ख़रीद भी सकते थे। एक छोटी दुकान थी वह, संग्रहालय के भीतर ही। कुछ और दुकानें भी थीं, जिनमें संग्रहालय की तस्वीरें, पूजा, श्रद्धा के सामान जैसी चीज़ें या कुछ सजावटी सामान भी मिल रहे थे। यहाँ बहुत-सी पेंटिंग्स थीं–पुराने इतिहास को बयान करतीं। भीतरी छतों पर काले-सफ़ेद में बनी पेंटिंग्स अपनी विराटता में प्राचीन कथाएँ समेटे थीं। कई कहानियाँ बौद्ध जातकों की याद दिलाती थीं। कई जगह इतिहास में उतरने की ज़रूरत हुई। भारत से बौद्धों का जापान आगमन बहुत साफ़ दिखता था और उनके द्वारा जापान की भूमि पर प्रसरित होता और स्थानीय लोगों के बीच प्रसिद्धि के साथ अपनी जगह बनाता दर्शन दिख रहा था। यहाँ कई महान जापानी बोधिसत्व की मूर्तियाँ थीं।

इतिहास के निशान मिटाये नहीं जा सकते।

न मनुष्य की महानता के, न मनुष्य के विद्रोह के और न ही मनुष्य की छुद्र लालसाओं के!

इस संग्रहालय में एक जगह पालकी रखी थी। कहते हैं कि यह बहुत पुराने समय में कभी भारत से आयी थी। उससे सम्बन्धित जानकारियाँ भी वहाँ रही होंगी, पर भाषा ज्ञान के अभाव ने मुझे तमाम जानकारियों से वंचित ही किया या जो जानकारियाँ साथियों से मिलती रहीं, उनमें से कुछ नोट किया और कुछ भूल भी गयीं।

तो मुझे तमाम भारतीय राजाओं की पालकियाँ याद आयीं। हमारे यहाँ यह कोई बहुत बीत गयी बात अभी भी नहीं थी। हाल-फिलहाल भी सामन्तों, ज़मींदारों की पालकियाँ कहार ढोया करते थे। मोटर गाड़ियों के आने के बाद यह ख़त्म हो गया, पर स्मृति से पूरी तरह बाहर अभी नहीं हुआ है। यहाँ अगर पालकी आयी थी तो उसे ढोने वाले भी रहे होंगे।

पालकी इतिहास में दर्ज होती हैं, उनकी कलात्मकता पर और बदलाव पर बातें होती हैं...

उन्हें ढोने वाले इतिहास से बाहर होते हैं...हमेशा ही...हर जगह।

इतिहास राजाओं का होता है...

जनता का समय होता है...

जीवन और जीवन भर...

संग्रहालयों में मन्दिरों और महत्त्वपूर्ण धरोहरों के मिनिएचर दिखाई दिये। ये मिनिएचर लगभग सभी जगह दिखे। इन्हें रंखने का उद्देश्य तूफ़ान या भूकम्प से हुए नुकसान के बाद तत्काल उसे पहले जैसा बना लेना भी था। देखभाल और धरोहर के सरोकार का यह एक निराला तरीक़ा लगा।

विद्यार्थियों के साथ संवाद : ओसाका विश्वविद्यालय, ओसाका

–जगह

ओसाका विश्वविद्यालय, ओसाका, जापान

दिनांक–26.11.2018

कोई एक शब्द होगा, जिसमें ख़ुशबू भरी होगी, वही इन फूलों का नाम होगा। एक भाषा के भीतर इन्हें शायद बोगनबेलिया पुकार सकते थे, बहुत से ऐसे थे, जिनकी शक्लोसूरत उन्हीं से मिलती थी। जिन पेड़ों ने मेरी आँखों को पल भर रोका था, वे पीले फूलों वाले पेड़ थे, कुछ लाल फूल भी झाँकते से दिखते थे, उत्सुक-उत्सुक से। मुझे ठीक-ठीक नहीं पता कि फूलों का विश्वविद्यालय प्रांगण से क्या सम्बन्ध होता है? पढ़ने-लिखने वाली जगहों पर वे हमेशा एक जीवित प्राणी की तरह मिलते हैं, उसी प्रांगण के निवासी की तरह, उसी के रंग का कुछ पहने-ओढ़े, कुछ उसी की धुन गाते-बतियाते...

ये रास्ता ओसाका विश्वविद्यालय, ओसाका के हिन्दी विभाग तक जाता था...

विश्वविद्यालय केवल बौद्धिक गतिविधियों के ही प्रांगण नहीं होते, रचनात्मकता भी यहाँ ख़ूब फलने-फूलने की जगह पा लेती है। बशर्ते कि आप उसके महत्त्व को समझें। एक बार समझ लें तो जगह बनने की राहें ख़ुद-बखुद खुलने लगती हैं।

विश्वविद्यालय की भीतरी सड़क चौड़ी थी और हम लोग एकदम ठीक समय पर पहुँच गये थे–11 बजे सुबह। विद्यार्थी हमारा इन्तज़ार कर रहे थे। विद्यार्थियों का साथ हमेशा ही प्रसन्नता और ऊर्जा प्रदान करने वाला होता है। यहाँ उन लोगों से आज बात करनी थी, जो हिन्दी सीख रहे थे या जो हिन्दी डिप्लोमा या डिग्री कोर्स पूरा करने की तरफ बढ़ रहे थे। मैंने सोचा था हिन्दी सीखने वाले दो चार ही होंगे पर ऐसा नहीं था। विद्यार्थियों की संख्या अच्छी ख़ासी थी। यहाँ डॉ. हिसाको मात्सुकिजोनो

भी पढ़ा रही थीं। वे बड़ी सुलझी हुई और प्यारी लगती थीं। प्रोफ़ेसर ताकाहाशी यहाँ विभागाध्यक्ष थे। चुस्त-दुरुस्त से वे सब कुछ फटाफट करने वाले व्यक्ति लगे। मेरे पुराने तय कार्यक्रम में यहाँ आना शामिल नहीं था, पर उन्होंने ही ग्लोबल लिटरेचर के मेरे तमाम सारे कार्यक्रमों के बीच में से ओसाका विश्वविद्यालय के विद्यार्थियों से बातचीत का यह समय निकलवा लिया था। मैं विद्यार्थियों के बीच जा कर ख़ुश होती हूँ तो मैं भी जाना चाहती ही थी, लेकिन यह समय निकल पायेगा, बड़ी दूर तक इसकी सम्भावना पहले नहीं लग रही थी, पर यह बन गया और इतना ख़ूबसूरत बना कि यादों में हमेशा के लिए टंकित हो गया। इसका सारा श्रेय प्रो. ताकाहाशी जी को जाता है। साफ़-सुथरा क्लास रूम था। दीवार पर लम्बा हरा बोर्ड लगा था, जिसे हम ब्लैक बोर्ड के रूप में ही स्वीकार कर पाते हैं–इसे 'ब्लैंक बोर्ड' कहना चाहिए। सामने अध्यापक के खड़े होने की जगह के ठीक आगे लम्बी कुछ ऊँची शानदार मेज़ थी। छात्रों के बैठने की जगह व्यवस्थित थी–कुल मिला कर एक बढ़िया लेक्चर हॉल था।

सबसे पहले मेरा परिचय भारत से आये एक भारतीय साहित्यकार और दिल्ली विश्वविद्यालय के प्रोफ़ेसर के रूप में कराया गया। फिर मैंने कुछ देर अपने रचना संसार, लिखने की प्रक्रिया, भारत की सांस्कृतिक विशेषता–विविधता और उसकी अन्तरगुम्फित एकता और विविध भाषा के प्रचुर साहित्य के बीच हिन्दी साहित्य की स्थिति के बारे में बातें रखीं। किन्तु यहाँ व्याख्यान जैसी बोझिलता नहीं थी। डॉ. मात्सुकिजोनो कक्षा के अन्त में खड़े हो कर कुछ तस्वीरें ले रही थीं। उनकी मुस्कान बहुत सुन्दर थी। मेरे बोलने के बाद विद्यार्थियों के प्रश्न पूछने की बारी आयी। छात्रों ने हिन्दी में अपने प्रश्न तैयार किये थे और सामान्य प्रश्नों से शुरू करके वे लगभग पूरे भारत को उसकी सम्पूर्णता में जान लेना चाहते थे। एक छात्र ने बनारस के बारे में जानना चाहा। क्योटो से अलग तरह की गलियाँ बनारस की हैं। एक दिन पहले ही हम क्योटो जा चुके थे। ठेले और स्ट्रीट फूड की बात भी आयी। बनारस के बारे में बताते हुए मैंने उसे सांस्कृतिक नगरी कहा, जो एक समय विद्या की राजधानी हुआ करती थी। इस सन्दर्भ में उसकी तमाम विशेषताओं का उल्लेख करते हुए कचौड़ी गली की बात भी बतायी। चाट खाने के अलग रंग ढंग, बनारसी साड़ियाँ...बहुत-सी जिज्ञासाएँ बनारस को लेकर, विद्यार्थियों के मन में उठी थीं।

अलग-अलग विद्यार्थियों ने खान-पान की विविधता, वेशभूषा, भाषाओं, डिजायन, रंगों के प्रयोग, कला के रूप...आदि आदि प्रश्न पूछे।

मौसम, उत्तराखण्ड के पहाड़–मसूरी, देहरादून, मेरे बचपन के बारे में भी कुछ प्रश्न आये।

"भारत में युवा पीढ़ी साहित्य पढ़ती है?"

यह प्रश्न चिन्तित करने वाला था।

क्या सचमुच भारत में युवा पीढ़ी साहित्य पढ़ती है? मैंने अपने आप से पूछा। शायद ज़्यादातर मनोरंजन जगत से निकला हल्का साहित्य पढ़ पाती है या जो पढ़ना चाहते हैं, उन्हें नये और पुराने बेहतर साहित्य की सही जानकारी देने वाले मंच विरले हैं। आजकल हिन्दी के ज़्यादातर बड़े प्रकाशक भी गम्भीर साहित्य के बजाय हल्के और मनोरंजन प्रदान करने वाले साहित्य को प्रचारित कर रहे हैं, जिसके कारण जेनुइन साहित्य युवाओं की पहुँच से दूर हुआ है। फिर भी कुछ युवा अपने श्रम और सम्पर्क से गम्भीर साहित्य तक पहुँचते हैं और अपनी दृष्टि का विकास करते हैं। साहित्य जीवन की बेहतर समझ विकसित करता है, जीवन के प्रति हमारे नज़रिये को साफ़ करता है। आज भी अनेक युवा ढूँढ़ कर साहित्य तक पहुँच ही जाते हैं। मेरी कोई कहानी या उपन्यास पढ़ कर, मेरे पास पाठकों के बहुत से फ़ोन और मैसेज ऐसी छोटी जगहों से आते हैं, जहाँ किताबें मिलना कठिन होती हैं, तो बहुत ख़ुशी महसूस होती है। इस तरह किसी भी कठिन समय में अच्छा साहित्य जीवित बचा रहता है, उसे पढ़ने वाले उस तक पहुँचते ही हैं। सोशल मीडिया के शोर से इतना भी भयभीत होने की ज़रूरत नहीं।

साहित्य और जीवन अपनी राह निकाल लेते हैं।

मेरे पसन्दीदा लेखकों के बारे में भी पूछा गया। मुझे सबसे पहले प्रेमचन्द याद आये। हजारी प्रसाद द्विवेदी, फणीश्वरनाथ रेणु, अज्ञेय, निर्मल वर्मा और कृष्णा सोबती का नाम मैंने लिया। मैं जैसे ही एक लेखक का नाम लेती थी, ताकाहाशी जी उसे तुरन्त ब्लैंक बोर्ड पर लिख देते थे। विद्यार्थी उसे नोट कर लेते थे। एक विद्यार्थी ने यह भी पूछा कि मैं आजकल कौन-सी किताब पढ़ रही हूँ? यह प्रश्न मेरे मन को भाने वाला था। जापान के लिए निकलने से पहले तक मैं 'शान्ताराम' नामक अंग्रेज़ी उपन्यास पढ़ रही थी। जिसके लेखक का नाम मुझे कभी भी सीधा याद नहीं रहता। इस लेखक का नाम ग्रेगरी डेविड रॉबर्ट्स था, जो अमेरिकन थे। इस उपन्यास की पृष्ठभूमि भारत की है। लेखक के भारत आ कर मुम्बई में रहने के दिनों की कथा के साथ-साथ मुम्बई के भीतरी दुनिया की कहानी खुलती है। हम शायद अपने

मुम्बई शहर को इतना नहीं जानते, जितना कि इस उपन्यास का लेखक जानता है। अनचाहे अपराध में पड़ा, मुश्किलों से घिरा मनुष्य इसके केन्द्र में है। झुग्गी-झोंपड़ी की असली तस्वीर लेखक के ख़ुद बिताये दिनों के संघर्ष की तरह उपस्थित है। झुग्गियों का ऐसा 'लाइव' चित्र विरल ही होगा। इसे पढ़ कर हम अमानवीय क्रूरता के उन विविध रूपों को जान समझ पाते हैं, जो हमसे बहुत दूर घटित नहीं हो रहा, पर हम जिन्हें ठीक-ठीक नहीं जानते या कभी जान जायें तो उधर देखना नहीं चाहते।

जीवन कैसे भी संकटों से घिरा हो, प्रेम अपने लिए जगह बना ही लेता है।

इस उपन्यास में प्रेम का बड़ा गहरा रंग लिये चित्र मिलते हैं।

इस उपन्यास का नाम ले कर मुझे अच्छा लगा।

हालाँकि उस समय तक मैं इस नौ सौ पन्नों के उपन्यास के अन्तिम पृष्ठों तक नहीं पहुँच पायी थी। पर इसे पढ़ने का असर काफ़ी दिन तक बना रहा। एक अच्छी कृति की यह विशेषता है कि वह आपको अपनी जद में ले ही लेती है और दिनों तक कई बार महीनों तक मुक्त नहीं होने देती। कहते हैं कि ग्रेगरी पहले अपराध जगत में फँसे हुए थे। जेल में अपनी सजा काटते हुए उन्होंने इस उपन्यास को लिखा। जेल में इसे एक बार नष्ट भी कर दिया गया। अपनी स्मृति से उन्होंने इसे दुबारा लिखा–नौ सौ पन्ने! दुबारा!

इसकी प्रसिद्धि और लेखक के तौर पर उनकी प्रतिष्ठा से उन्होंने अपने अपराध जीवन से हमेशा के लिए मुक्ति पा ली।

इन सबके बीच विद्यार्थी सहज हो गये थे। तभी एक ऐसा प्रश्न आया जिस पर सब चौंक गये–"आपको कौन से शब्द पसन्द हैं?"

पर प्रश्न मुझे पसन्द आया था।

"यह प्रश्न मुझे अच्छा लगा। बल्कि मैं कहूँगी कि यह एक अच्छा प्रश्न है।" मैंने कहा।

"कैसे?"

"क्योंकि कुछ शब्द मुझे सचमुच पसन्द हैं। जैसे कि मानवता।"

मेरे इतना कहते ही सबके चेहरे खिल गये। ताकाहाशी जी ने तुरन्त बोर्ड पर लिखा–'मानवता'।

सामने बैठे विद्यार्थियों में जैसे प्रसन्नता की लहर दौड़ गयी। जिस विद्यार्थी ने यह प्रश्न पूछा था, वह कुछ क्षण पहले ज़रा सकते में आ गया था पर अब उसका चेहरा आत्मविश्वास से दमकने लगा।

मैंने दूसरा शब्द दिया–'बन्धुत्व'। ताकाहाशी जी ने तुरन्त लिखा–'बन्धुत्व'। फिर मैंने भारतीय संस्कृति के साथ जोड़ कर इसका अर्थ समझाया।

'सहभागिता' तीसरा शब्द था। फिर 'प्रेम' और प्रेम की व्यापकता, उसके विविध शेड्स, साहित्य और जीवन में उसका होना, संघर्ष और प्रेम का रिश्ता... आदि आदि।

एक विद्यार्थी ने पूछ लिया कि 'आपको कौन-सा गाना पसन्द है?'

'गाना? हाँ, हाँ।'

मैंने गाना याद करने की कोशिश की।

'लता मंगेशकर के गाने, मोहम्मद रफी, किशोर कुमार...जगजीत सिंह, मेंहदी हसन...'

पर गाने के बोल...?

सब याद आया पर गाने के बोल नहीं याद आये। फिर से सोचा–गालिब याद आये, मीर भी घूम गये पर बोल? फ़ैज भी आये, पर बोल...क्या हो गया मेरे दिमाग़ को अचानक!

कोई गाना सीधा-सादा-सा भी नहीं याद आ रहा!

"अजीब दास्तां है ये..." लता मंगेशकर का गाया, मेरा प्रिय गाना था, यह भी न जाने कहाँ चला गया! और वह गाना, जिसे मैं हमेशा एक कहानी कहती थी, जिसे लता जी ने गाया था–"हमें बस यह पता है वह बहुत ही ख़ूबसूरत है लिफ़ाफ़े के लिए लेकिन पते की भी ज़रूरत है...हमने सनम को ख़त लिखा..." ये भी ग़ायब हो गया। आख़िरकार मैंने कहा–"लता मंगेशकर, किशोर कुमार, मोहम्मद रफी के गाने बहुत पसन्द हैं पर अभी याद नहीं आ रहे।"

नारा : कोई प्राचीन रहस्य

–जगह
नारा, जापान
भ्रमण की थकान और डायरी पर स्याही के निशान
दिनांक–27.11.2018

अज्ञेय ने कभी यात्राओं के बारे में लिखा था कि "जानना ही सब कुछ नहीं है। देखना, और जो देखा उसके बारे में सोचना भी बड़ी बात है।"

आज नारा जाने का दिन था। दस बजे होटल से निकलना था। प्रो. ताकाहाशी अपनी गाड़ी ले कर आ रहे थे। प्रोफ़ेसर कोमात्सु दस बजे से कुछ पहले ही वर्क होटल पहुँच गयी थीं। वे जब आयीं, संयोग से मैं तैयार हो कर प्रतीक्षा कक्ष तक आ चुकी थी। उन्हें अच्छा लगा कि मैं हमेशा समय का ध्यान रखती हूँ। मुझे भी अच्छा लगा कि मैं उनके मन में जमे पूर्व अनुभवों को, जिसमें भारतीयों का लेटलतीफ होना शामिल था, कुछ कम कर सकी थी। दरअसल भारत का एक्ट्रीम क्लाइमेट आलस को जन्म देने वाला है। हमारी एक लड़ाई मौसम से भी होती रहती है। प्रो. कोमात्सु अपने साथ नारंगी ले कर आयी थीं। ताकाहाशी जी के साथ, उस समय ओसाका विश्वविद्यालय में हिन्दी पढ़ाने के लिए भारत से नये-नये नियुक्त हुए शिक्षक युवा वेदप्रकाश सिंह भी आये थे और उनकी पत्नी रूपा भी साथ थीं। नारा के लिए हम लोग ताकात्सुकी, ओसाका से निकले। यह लगभग एक घण्टे की यात्रा थी। सड़कें शान्त थीं, गाड़ियों या हॉर्न की कोई आवाज़ नहीं सुनाई देती थी। बमुश्किल कुछ एक गाड़ियाँ ही दिखीं। सड़क का इतना सन्नाटा अगल-बग़ल के सौन्दर्य को देख सकने का पर्याप्त समय देता था। दोनों तरफ़ घने मकान नहीं थे। मकान दूरी पर कहीं-कहीं दिखते थे। फ्लैट सिस्टम नहीं दिखाई पड़ा। शायद किसी दूसरी तरफ हो। लकड़ी का प्रयोग मकानों में अधिक था या जो मकान सीमेंट के थे, वे भी ज़्यादातर स्लोपिंग रूफ वाले थे। रास्ता कुछ पहाड़ी था और हरा भरा भी।

रास्ते में हांडा मोटर्स का शोरूम दिखा। ताकाहाशी जी गाड़ियों के बारे में बताने लगे। जापान में गाड़ियाँ बहुत सस्ती हैं मसलन पचास हज़ार में बेहतरीन गाड़ी मिल सकती हैं। पर बाहर ले जाना महँगा पड़ जाता है। जापान से बाहर ले जाने पर टैक्स बहुत ज़्यादा पड़ जाता है। इसलिए बहुत से विदेशी लोग यहाँ गाड़ी ख़रीद लेते हैं और यहाँ से जाते समय बेच कर चले जाते हैं। जापान में लोग पर्सनल गाड़ियाँ बहुत कम रखते हैं। पब्लिक ट्रांसपोर्ट इतना अच्छा है कि अपनी गाड़ी की प्राय: ज़रूरत नहीं पड़ती। लोग पर्सनल गाड़ी को महीने में कभी-कभी निकाल कर सैर करने जाते हैं या शौक़ पूरा करते हैं।

"रोड एक्सीडेंट नहीं होते होंगे।" मैंने पूछा।

"होते हैं। कम हैं।" ताकाहाशी जी ने कहा ज़रूर, पर मुझे लगता है कि बहुत ही कम होगा ऐसा। हम लोग तो रोड एक्सीडेंट से परेशान लोग हैं, न जाने कितनी जानें हर रोज़ एक्सीडेंट की भेंट चढ़ जाती हैं। जापान में लोग ट्रैफिक नियम मानते हैं। सड़क पर पैदल चलने वालों का सर्वाधिक सम्मान है। गाड़ियों को पैदल यात्रियों के लिए रुकना पड़ता है या रोक दिया जाता है। यहाँ पैदल चलना बड़ी बात है। ओसाका में मुझे कुछ विद्यार्थी साइकिल चलाते दिखे थे। साइकिल चलाना भी अच्छा माना जाता है, इसे वर्ग विभेद से जोड़ कर देखने के बजाय स्वास्थ्य से जोड़ कर देखा जाता है।

हमारे जीवन की तमाम सामान्य चीज़ें भी सम्मान की हक़दार होती हैं।

जैसे कि पैदल चलना।

यहाँ रोड पर, चौराहों पर, सड़क पार करने वालों को प्राथमिकता कुछ इस तरह दी गयी, जैसे कि एक चौराहे पर किनारे एक बड़े खम्भे पर एक बटन लगी है, उसे दबाने से ट्रैफिक लाइट रेड हो जायेगी। ट्रैफिक रुक जायेगी और पैदल आदमी आराम से सड़क पार कर सकता है।

मैंने पूछा कि "आप लोग जब इंडिया आते हैं तो सड़क कैसे पार करते हैं?"

हमारे यहाँ सड़क पार करना एक नया जन्म पाने जैसा काम है ख़ास कर दिल्ली की सड़कों पर!

"कनॉट प्लेस पर बहुत दिक़्क़त होती है।" ऐसा उन लोगों ने माना। पर यह उन लोगों ने संकोच से स्वीकार किया था। अपनी असलियत तो हम बख़ूबी जानते हैं। कभी-कभी दिल्ली के किसी जगह पर सड़क पार करने में पन्द्रह-बीस मिनट भी लग जाते हैं। छोटे और भीड़-भाड़ से भरे शहरों में तो सड़क पार करना 'कुएँ में मोटरसाइकिल चलाने' जितना जोखिम भरा काम है।

ख़ैर तो नारा पहुँच गये हम लोग। मन्दिरों, श्राइन और बाग़ीचों से घिरा नारा- वैभवशाली नारा। यहाँ जापान का अतीत अपनी भव्यता में बिखरा हुआ है। नारा हरा भरा है। कहते हैं कि यह जापान की सबसे पहली राजधानी थी लगभग 710 ए.डी. से 794 ए.डी. तक। जापान के टूरिस्ट गाइड में भी क्योटो के बाद दूसरे नम्बर की लोकप्रियता इसे हासिल है। यहाँ आने के पहले मैंने इसके बारे में पढ़ कर जानने की कोशिश की थी। पर जब आप पढ़े हुए को अपने सामने साक्षात पाते हैं तब कहीं उसके वास्तविक गौरव से अभिभूत होने का क्षण मिलता है। नारा भी कंसाई एरिया में आता है। यहाँ के बौद्ध मन्दिर और शिंटो जी श्राइन इतिहास के किन्हीं पलों के साक्षी की तरह खड़े हैं शान्त चित्त, भव्य और विशाल। यहाँ दुनिया की 'लार्जेस्ट वुडेन बिल्डिंग' के नाम से विख्यात तोदाई जी मन्दिर (Todai-ji temple) है, जिसे यूनेस्को ने वर्ल्ड हेरिटेज में रखा है। सबसे पहले हम इसी मन्दिर के लिए चले।

दाइबुत्सु का विराट घर : तोदाई जी टेम्पल

तोदाई जी मन्दिर अपनी विराट भव्यता से चकित करता है। मुख्य द्वार विशाल था–लकड़ी से निर्मित। तूफ़ान और विश्व युद्धों के अनेक नुकसान इन भव्यताओं को झेलने पड़े हैं। उनके निशान अभी भी कई जगह साफ़ दिखाई देते हैं। मुख्य द्वार के विशाल खम्भों के निचले हिस्से में जले हुए के चिह्न मौजूद थे। यह युद्ध काल की देन है, ऐसा मुझे बताया गया। इस मुख्य द्वार से प्रवेश करने पर विशाल मन्दिर दूर से ही दिखने लगता है। उस तक पहुँचने के पहले लम्बे कॉरीडोर से गुज़रना है, फिर सामने चौड़ी सड़क है, जो मन्दिर की सीढ़ियों तक ले जाती है।

कहते हैं कि यह मन्दिर पहले और भी विशाल था, बाद में जब इसे पुनर्निर्मित किया गया तब यह पहले से तीस प्रतिशत छोटा हो गया। इसके बावजूद इसकी विशालता और भव्यता को आँखों में समेटना मुश्किल है–अपार और अद्भुत! यही दो शब्द मेरे मानस में गूँजे।

लम्बे विशाल कॉरीडोर से होते हुए हम लोग मन्दिर के ठीक सामने आ गये। यहाँ से मन्दिर तक लम्बा-चौड़ा रास्ता था, जिस पर दर्शनार्थियों की भीड़ थी, लोग आ-जा रहे थे। इस रास्ते में मन्दिर के पहले एक बौद्ध छत्रधारी दीप चक्र था, उसके चारों तरफ मूर्तियाँ खुदी हुई थीं, उसके नीचे गोलाकार परिधि में राख थी, लोग अगरबत्तियाँ जला कर उसमें खोंस रहे थे। यह भारतीय तरीक़े की पूजा-पद्धतियों से मिलता-जुलता तरीक़ा था। मन्दिर की सीढ़ियाँ शानदार थीं। भीतर बड़ा हॉल था, जिसमें ताँबें से बनी बुद्ध की विशाल प्रतिमा स्थापित थी। इसे दाइबुत्सु डेन (Dai-butsu–den) कहते हैं यानी बुद्ध के घर का विशाल हॉल। दाइबुत्सु (Daibutsu) का अर्थ ग्रेट बुद्ध से है। इसे ग्रेट बुद्ध का घर कहा जाता है। इस मान्यता से ऐसा लगता है कि यहाँ कभी बोधिसत्व ने निवास किया होगा। बुद्ध की यह प्रतिमा लगभग सोलह मीटर ऊँची है और पाँच सौ टन से अधिक भारी। मूर्ति के सम्मुख बड़ी दो मोमबत्तियाँ जल रही हैं। प्रभु के आगे दीप प्रज्वलित करने का यह तरीक़ा भी भारतीय

परम्परा जैसा है। हो सकता है कि प्रारम्भ में भारत से आये बौद्धों के साथ कुछ ऐसी चीज़ें स्वत: आयी हों, जो कालान्तर में सर्वशक्तिमान के प्रति अपनी श्रद्धा प्रकट करने का माध्यम बन गयी हों, जिसमें पूजा की शैव और वैष्णव पद्धतियाँ शामिल रही हों या हो सकता है बाद में इसे अपनाया गया हो, यह सब अनुमान ही है, कुछ स्पष्ट नहीं कहा जा सकता। बौद्ध मन्दिरों में भारतीयता के दर्शन होना सहज ही है। बुद्ध की करुणा भारत जापान को अधिक सन्निकट लाती है।

मूर्ति में बुद्ध के बाल घुँघराले हैं और एक हाथ आशीष की मुद्रा में है। सिर के पीछे प्रकाश चक्र में अनेक बुद्ध प्रतिमाएँ हैं। मन्दिर की परिक्रमा करने का भी रिवाज यहाँ है। कुछ लोग मन्त्र भी पढ़ रहे थे। सामने सिक्का डालने का एक बॉक्स भी था, जिसमें लोग प्रसन्नता से अपनी इच्छानुसार पाँच या दस का सिक्का डाल रहे थे। इस वृहदाकार हॉल के भीतर कुछ और प्रतिमाएँ भी थीं। एक प्रसिद्ध बोधिसत्व की भी विशाल प्रतिमा थी। कुछ बुद्ध के सुयोग्य शिष्यों की भी प्रतिमाएँ थीं। सबसे पहले शायद यहीं किसी ने राक्षस का उल्लेख किया। तो भारत से चल कर राक्षस यहाँ तक भी पहुँच आये थे! हिन्दुस्तान के राक्षसों की एक वीर जाति थी, देवताओं के साथ जिनके निरन्तर संघर्ष का उल्लेख मिलता है। बाद में उनकी पराजय ने शायद उन्हें प्रतीकों का विषय बना दिया होगा और वे भयावह के या बुराई के प्रतीक में जकड़ दिये गये होंगे। विजित जातियों ने पराजित जातियों को सम्मानजनक जगह कभी नहीं दी।

यहाँ भी मन्दिर का मिनिएचर हॉल के भीतर सजा हुआ था। मन्दिरों या ऐतिहासिक स्थलों के मिनिएचर रखने की यह परम्परा शायद प्राकृतिक आपदा तूफ़ान आदि के कारण आयी हो, जिससे जिस भी हिस्से को नुकसान पहुँचेगा, उसे पहले जैसा ही दुबारा बनाया जा सके। मन्दिर के एक तरफ एक चौड़ा खम्भा कुछ सुन्दरता और बाँकपन से बना था थोड़ा टेढ़ा भी, उसके साथ एक छोटी-सी लगभग चार पाँच मीटर लम्बी सुरंग जुड़ी थी। उस सुरंग के भीतर से लेट कर जाना होता था और खम्भे के गोलाकार छेद से बाहर आना था। इस सुरंग के साथ एक मान्यता जुड़ी थी कि जो दुबारा जापान आना चाहता है, वह इस सुरंग से निकलेगा तो उसकी इच्छा ज़रूर पूरी होगी।

मनुष्य ने अपनी कामनाओं की पूर्ति के लिए कैसे-कैसे उपाय देवों के सम्मुख कर डाले हैं!

बच्चे बहुत आनन्द के साथ उस सुरंग से निकल रहे थे। उनके लिए यह एक बढ़िया खेल था। कुछ बड़े भी लाइन में लगे थे। हममें से केवल वेदप्रकाश सहर्ष

सुरंग में घुसने को तैयार थे। शायद उन्होंने कुछ मन्नत भी माँगी और सुरंग से निकल कर बाहर आ गये तब ताकाहाशी जी ने कहा–"अब आपका दुबारा जापान आना पक्का हो गया।"

मनुष्य ने मन्नतों को पूरा कराने के जो उपाय ढूँढ़े, उसे दुर्गम मार्ग से जोड़ने की भी इच्छा प्रकट दिखती है कि आसान रास्तों से मन्नतें पूरी नहीं होतीं।

शायद यही वजह रही होगी कि जम्मू कश्मीर में वैष्णव देवी की प्राकृतिक रूप से बनी पहाड़ी सुरंग बड़ी कठिन है, सँकरी भी है, पर मन्नत के लिए उसे पार करने की मनुष्य की इच्छा कमाल की है! मोटे से मोटा आदमी भी उसमें से निकल जाता है! आस्था का रंग ऐसा ही है! कठिनाइयाँ नहीं देखता! जितना कठिन रास्ता उतना ही ईश्वर की निकटता का अहसास, यह तर्क कुछ समझ में नहीं आता। ईश्वर जैसी शक्ति को तो सहज हमारे निकट हमारी आत्मा की सुन्दरता के भीतर निवास करते रहना है, यह कठिनाई क्यों भला? एक बार बहुत बचपन में पिताजी ने कहा था कि हमारे भीतर जो कुछ मनुष्यता से भरा सुन्दर है, वही ईश्वर है। तब से मनुष्यता ही मेरे निकट ईश्वर है–

'मुझको कहाँ तू ढूँढ़े बन्दे, मैं तो तेरे पास रे...'

मन्दिर के बाहर हम जिस तरफ से आये, वहाँ सफ़ेद पत्थर की एक पवित्र प्रतिमा थी। इस प्रतिमा के हाथ को स्पर्श करके आप अपनी कोई इच्छा कह सकते हैं। कान में भी कह सकते हैं। वह अवश्य सुनी जायेगी, ऐसी दृढ़ आस्था लोगों में दिख रही थी। कुछ लोग मूर्ति के कान में बुदबुदा रहे थे। बच्चों को भी उठा कर उनके हाथ का स्पर्श कराया जा रहा था। मैंने उस प्रतिमा की सफ़ेद हथेली पर अपना हाथ रखा–हथेली शीतल थी–ऊर्जा का कोई स्रोत उन हाथों में था–मुझे ऐसा अहसास हुआ। आँख बन्द करके मैंने इसे कुछ मिनट तक महसूस किया। ऐसी जगहों पर वातावरण में शान्ति प्रवाहित होती है, दुआओं की ध्वनियाँ तैरती हैं, लोग अपने दुःखों के पार जाने की आस्था से भरे होते हैं...

यहाँ से लौटते हुए एक चीज़ और उल्लेखनीय लगती है मुझे, वह है पब्लिक टॉयलेट। इतने साफ़ और ऑटोमेटिक। जनसामान्य के स्वास्थ्य का ध्यान रखना और स्वच्छता को लगातार बनायें रखना बड़ी बात है। साफ़-सफाई के मामले में जापान का जवाब नहीं!

टेम हिरणों से मुलाकात : नारा कोहेन पार्क
(Nara-Koen Park)

इस पार्क की ख़ूबसूरती यह है कि यहाँ टेम हिरण आराम से घूमते-फिरते मिलेंगे। वे यात्रियों के साथ सहज भाव से चलते हैं और उनसे आँखों में भाव भर कर बतिया भी लेते हैं। लोग यहाँ छुट्टी के दिनों में अपने परिवार के साथ पिकनिक मनाने आते हैं–बहुत से परिवार दिखाई पड़ रहे हैं। बच्चों के लिए यह पार्क ख़ास आकर्षक है–दूर तक फैला हुआ समतल हरा, आँखों को सुहाना लग रहा है। कुछ पेड़ लाल पत्तों वाले भी हैं और कुछ फल वाले पेड़ और पौधे भी। लाल पत्तों वाले ये पेड़ सुन्दर हैं। यहाँ बाहर के यात्री भी हैं कोरिया और चीन के अधिकतर यात्री हैं। बहुत स्वस्थ कबूतर भी यहाँ हैं। काले और स्लेटी पंखों वाले। बच्चे उन्हें दाना खिला रहे हैं।

जीवन का ख़ुशहाल दृश्य हमेशा प्रसन्नता प्रदान करने वाला होता है।

सचमुच हमारे साथ हिरण चल रहे थे और यात्रियों के आगे-पीछे घूम रहे थे। ये 'सेमी वाइल्ड' कहे जाते हैं पर एकदम घरेलूपन इन्होंने अपना लिया है। यहाँ हिरणों के लिए ख़ास तरह के बिस्किट मिलते हैं। ये बिस्किट घास से बने होते हैं, पर देखने में इतने सुन्दर लगते हैं, जैसे मेरीगोल्ड आरारोट बिस्किट हो। इसका पैकेट भी घास से ही बना होता है। और हिरणों को बिस्किट खिला देने के बाद पैकेट भी हिरण खा जाते हैं। इस तरह पैकेट से या खाद्य पदार्थ से कहीं कुछ भी गन्दा नहीं बिखरता था। इन्हें देख कर शुरू में यह कल्पना मुश्किल लगती थी कि ये घास के हैं। कहीं-कहीं ठेले पर ये बिस्किट बिक रहे थे। ताकाहाशी जी ख़रीद कर लाये। हिरण इन्हें बड़े पसन्द से खाते थे बल्कि वे मनुष्यों के साथ के इतने अभ्यस्त थे कि आपके हाथ से सहज ही बिस्किट ले लेते थे–चुपचाप धीमे से। ऐसा लगता था वे हमारे हाव-भाव, हमारी बातें समझ रहे थे। इनमें कुछ हिरण बड़े और ताक़तवर दिख रहे थे। ध्यान से देखने पर उनमें जंगलीपन की ताक़त भरी हुई दिखती थी पर शायद अनुशासन के अभ्यास ने उन्हें समझदार बना दिया था।

कुछ दूर पर छोटी-सी खुली हुई सुन्दर झोपड़ी थी–यह दरअसल विश्राम स्थल था। अन्दर लकड़ी की बेंच लगी थी। हम लोग एक छोटे से जलभरे तालाब के किनारे से पत्थरों पर चढ़ कर विश्राम स्थल तक आये। खाने का समय हो रहा था। रूपा घर से पूड़ी-सब्जी बना कर लायी थीं। इतने दिन बाद पूड़ी-सब्जी देख कर अच्छा लगा। आलू की सब्जी थी। ताकाहाशी जी को भारतीय भोजन बहुत पसन्द था। वे आत्मा से भारतीय हैं।

खाना हम लोग खा ही रहे थे कि बड़े हिरणों का एक जोड़ा सिर उठाये, नथुने फड़काते हमारे पास चला आया। शायद खाने की ख़ुशबू से खिंच कर वे आये थे। वे पूड़ी-सब्जी खाना चाहते थे, इसे वे तरह-तरह से जाहिर कर रहे थे और वहाँ से हटने को तैयार नहीं थे। अब उनका वाइल्ड होना दिखा। वे हमें डरा रहे थे। डरा कर चाहते थे कि हम अपने हाथ का भोजन उन्हें दे दें। पर हम उन्हें नहीं खिला सकते थे। कुछ भी बाहर का उन्हें खिलाना एलाउड नहीं था। उन्हें केवल घास वाले बिस्किट ही खिलाना था, जो अब हमारे पास से ख़त्म हो चुके थे। हम लोग उनसे अपने को बचाते, इधर-उधर उठते-बैठते लेकिन उनकी आँखों की रेंज में बने हुए ही खाना खाये। अलग ही अनुभव था कि आप जब पूड़ी का एक कौर मुँह में डाल रहे हों, आपके कन्धे के पास झुका एक सिर नाराजगी दिखा रहा हो।

देहरादून का डियर पार्क स्मृति में एक क्षण को कौंधा। वहाँ छोटे-छोटे पतले दुबले हिरण होते हैं। उनके सींग अच्छे नुकीले और आँखें कजरारी, पर वे पास नहीं आते। उनकी जगह ढेरों बन्दर हर समय डराते रहते और न जाने कब आपके सामान पर नज़र गड़ाये अपने मतलब की चीज़ें निकाल लेते। मेरी बेटी अपाला तब बहुत छोटी थी, शायद छह-सात साल की, उस डियर पार्क में हम लोग गये थे। उसकी बन्द मुट्ठी वाले हाथ से कब एक बन्दर ने अँगुलियाँ खोल कर अमरूद ले लिया, पता ही नहीं चला। यह हैरान करने वाला और साथ ही बच्चों को डराने वाला अनुभव था। हम लोग वहाँ खाना बन्दरों के डर के साये में खाये थे। यह डर ही स्मृति में अधिक घना बैठा रहा।

कभी-कभी ऐसी स्मृतियाँ भी आ जाती हैं जो शायद सामान्य रूप से कभी याद नहीं रहतीं!

कासुगा-ताइशा श्राइन

(Kasuga–Taisha Shrine)

डियर पार्क से आगे बढ़ते हुए हम लोग कासुगा ताइशा श्राइन देखने चले। यह शिंटो जी श्राइन है। यहाँ ज़्यादातर बौद्ध मन्दिरों और श्राइन के नाम के साथ 'जी' लगा हुआ है। यह आदरसूचक है। सम्भवत: यह भारत से आये बौद्धों के साथ ही यहाँ तक चला आया हो और आदरसूचक होने के कारण नाम के साथ जुड़ा रह गया हो। जापान में 'जी' की जगह 'सान' लगाने का रिवाज है। यह अच्छा भी लग रहा है। भारत का एक रंग इस तरह भी।

कासुगा जी तक जाने का रास्ता लम्बा था–शायद दो किलोमीटर हो या उससे कुछ कम ज़्यादा। पहाड़ी चढ़ाई भी थी, इसलिए चलने की हमारी गति धीमी थी। वहाँ तक पैदल ही जाना था। इस रास्ते पर कोई साधन नहीं चलता। बहुत से टूरिस्ट आसपास से गुज़र रहे थे। रास्ता अगल-बग़ल की हरीतिमा को समेटे हुए था, ठण्ड थी और धूप भी। हवा अपनी मतवाली चाल से, कुछ-कुछ तूफ़ानी चाल से चल रही थी। मिट्टी का रंग कुछ ललाई लिए हुए था और चलना अपने आप में सुन्दर अनुभव लग रहा था। पहली बार जापान की मिट्टी का स्पर्श हो रहा था। कहीं-कहीं बड़े पेड़ और घास के मैदान दिखते। कुछ दूर तक हिरणों ने साथ दिया था फिर वे अपनी सीमा में छूट गये। रास्ते में प्राचीन काल की गवाही देते हज़ारों की संख्या में पत्थरों के स्टोन लैंटर्न पड़ना शुरू हो गये। कहते हैं कि दस हज़ार से ज़्यादा है इनकी संख्या। इनका शिल्प कुछ अलग है। मैं सोचने लगी कि जब कभी इनमें दीप जलते होंगे–हवा की तीव्रता को मात देते हज़ारों दीप एक साथ प्रज्वलित! तो रास्ता कैसा ख़ूबसूरत जगमग लगता होगा!

प्रकाश और सौन्दर्य का अद्भुत रिश्ता है!

ताकाहाशी जी इन दीप स्तम्भों के इतिहास की कुछ कहानियाँ बता रहे थे। इनके साथ सम्राटों की दानशीलता की कहानियाँ जुड़ी थीं तो मनौतियों की कहानियाँ भी जुड़ी थीं। जिन्होंने मनौतियाँ मानी होंगी कभी–यहाँ से आशा का दीप हृदय में

लिये लौटे होंगे और मनौती पूरी होने पर दीप स्तम्भ से पथ को प्रकाशमान बनाने की उनकी इच्छा, सुन्दर इच्छा कही जायेगी। इन दीप स्तम्भों पर दान करने वालों के नाम खुदे थे। जापान की पुरानी लिपि कहीं-कहीं थी, जिसे देख कर लोग ख़ुश हो रहे थे। जापान की लिपि में कुछ परिवर्तन आया है, ऐसा समझ आया कि वह पहले की कठिनता से निकल कर कुछ सरल होने की तरफ गयी होगी। यहीं पता चला कि जापान ने अपनी लिपि बहुत सोच-विचार कर बनायी थी। जापानी अक्षरों को 'कांजी' कहते हैं। अक्षर किसी फूल की भाँति सुन्दर होते हैं और अलंकृत भी। हर अक्षर एक समूचा परिवेश या भूगोल की कथा कहता-सा लगता है। इन्हें तैयार करने वालों की कल्पनाशीलता अद्‌भुत रही होगी। पर इन्हें सीखना आसान नहीं है।

पूर्वजों की बुद्धिमत्ता सैकड़ों आगामी पीढ़ियों को समृद्ध करती है।

अनेक 'कांजी' ताकाहाशी जी ने पढ़ी। किसी एक दीप स्तम्भ पर कविता लिखी हुई थी–जापान की पुरानी शैली में! ताकाहाशी जी ने कुछ पढ़ा, कुछ नहीं पढ़ा जा सका, कई जगह पुरानी होने के कारण लिखावट कुछ धूमिल हो गयी थी। यहाँ प्राचीन कला के ख़ास शिलालेख थे। एक जगह हैरान होना पड़ा कि एक लैंटर्न पर किसी भारतीय राजा का नाम अंकित था–इंडिया। उस ज़माने में किसी राजा ने कासुगा जी श्राइन को यह दान किया था–यह नाम भी ठीक से नहीं पढ़ा जा सका। बौद्ध दर्शन ही नहीं जीवन व्यवहार के तमाम क्षेत्रों में भारत के जापान से प्राचीन सम्बन्ध नज़र आ जाते थे।

चलते हुए ही दाहिनी तरफ एक ऐसी जगह नज़र आयी, जिसके बारे में जान कर तकलीफ़ हुई। हमारे दाहिनी तरफ़ बड़ा-सा खुला मैदान था और कुछ दूर पर शायद पत्थर के बने चबूतरे दिख रहे थे। उसके कुछ पीछे एक शेड था। यहाँ हिरणों के सींग काटे जाते थे। अब तक मेरा ध्यान इस बात पर नहीं गया था कि 'सेमी वाइल्ड डियर' होते हुए भी इनके सिर पर सींग की जगह ठूँठ भर है तो कैसे? लड़ने-भिड़ने के इनके प्राकृतिक हथियार कहाँ हैं? हिरणों के सींग उगने पर उन्हें यहाँ काट दिया जाता था, जिससे ये हिरण टूरिस्ट को कोई नुकसान न पहुँचा सकें। मन खिन्न हो गया।

मनुष्य ने अपने आनन्द के पीछे कैसी क्रूरताएँ छिपा रखी हैं!

दुनियाभर में व्यावसायिक क्रूरताएँ भरी पड़ी हैं!

यह तब खुलता है जब आप नेपथ्य के पीछे की पटकथा देखने लगते हैं।

यथार्थ के भीतर का यथार्थ!

रास्ते में एक जगह बहुत सुन्दर चटख रंगों से सजा डिजाइनदार प्लास्टिक या चमड़े के ढेर सारे ड्रम नज़र आये। ये किसी आयताकार कुशन की तरह मनोहारी थे–सफ़ेद रंग पर हरा, पीला रंग प्रमुखता से चमक रहा था–लगता था जैसे कपड़े

के बने हों, पर ऐसा नहीं था क्योंकि ये शराब के ड्रम थे। प्राचीन काल में ऐसे ड्रमों में शराब सप्लाई होती थी–ये पुराने समय के सौन्दर्य को समेटे उस शेड में एक के ऊपर एक व्यवस्थित तरीक़े से भरे हुए थे।

"ख़ाली हैं?" हममें से किसी का प्रश्न था।

ख़ाली ही होंगे। भरे होते तो शायद यहाँ नहीं होते या हो सकता है अब भी किन्हीं ख़ास अवसरों पर इनका उपयोग किया जाता हो–सजावट की तरह या शराब रखने की ख़ास सज्जा के तौर पर। जो भी हो, इनकी कलाकारी सुन्दर थी।

रास्तेभर तरह-तरह की जानकारियों के साथ हिन्दी साहित्य पर भी संवाद होता जा रहा था।

अब हम उस पानी के स्रोत तक आये, जहाँ लोग श्राइन में जाने से पहले लकड़ी के कलछुल जैसे पात्र से जल ले कर हाथ धो रहे थे। यह क्रिया मुझे बहुत भली लगती है। पहले हमारे घरों में भी ऐसी व्यवस्था हुआ करती थी कि बाहर से आने वाले घर के बाहर ही हाथ-पाँव धो कर घर में घुसें। पहले मन्दिर का एक अर्थ घर भी था। अब यह क्रिया मन्दिरों और पवित्र स्थलों तक सिमट गयी है। हम लोगों ने भी पात्र से जल ले कर हाथ धोया और कासुगा श्राइन में घुसने के योग्य हुए।

यह श्राइन बहुत बड़ी है। लकड़ी का यह आर्किटेक्चर जापान की अपनी ख़ासियत बताता है। क्या बारीक कारीगरी है–कार्विंग अद्भुत सुन्दर है। ऐसी लकड़ियों का उपयोग किया गया है जो मौसम की मार को झेलने में समर्थ हैं, सैकड़ों साल की बारिश, धूप, तूफ़ान सब झेल कर ये अपने सौन्दर्य को बचाये खड़ी हैं। उनका रख-रखाव अच्छा है, यह बात भी है ही। श्राइन की भव्यता में पहाड़ी सौन्दर्य जुड़ कर इसे व्यापकता प्रदान कर रहा है। सीढ़ियाँ चढ़ कर हम ऊपर पहुँचे। पहली बार श्राइन में स्त्रियाँ 'मॅन्क' की भाँति पारम्परिक वस्त्रों में दिखीं। उन्होंने श्वेत परिधान के ऊपर लाल कपड़े की बेल्ट लगायी थी–स्फटिक मूर्तियों की भाँति वे चमक रही थीं। यहाँ सैकड़ों घंटियाँ भी लगी थीं। एक तरफ दुकानें थीं, जिनमें पूजा के सामान और कुछ ख़ास पारम्परिक हस्तशिल्प की चीज़ें बिक रही थीं। उन दुकानों पर भी पारम्परिक परिधान में कुछ लड़कियाँ थीं। यह पता चला कि ये लड़कियाँ सिर्फ 'मॅन्क' नहीं हैं बल्कि मेडिकल या इंजीनियरिंग की पढ़ाई करने वाली भी हो सकती हैं, जो पार्ट टाइम यहाँ अपनी सेवाएँ देती हैं।

श्राइन में जल्दी ही आने वाले किसी फेस्टिवल की तैयारी चल रही थी। लोग उत्साहित दिख रहे थे। अनेक श्रद्धालु कई किलोमीटर पैदल चल कर और सीढ़ियाँ चढ़ कर आये थे। यहाँ भीड़ अधिक थी, इससे लगता था कि इस जगह की मान्यता बहुत होगी।

कोहफुकुजी मन्दिर : पाँच मंज़िलों वाला पगोड़ा वृक्ष

'पगोड़ा वृक्ष' अज्ञेय की एक कहानी है, अनायास उसका नाम याद आया। हालाँकि कहानी की विषयवस्तु से इस पगोड़ा का कोई लेना-देना नहीं। एक वृक्ष की भाँति ही तो यह आर्किटेक्चर है। ज़रूर इसे बनाने वाला कलाकार प्रकृतिप्रेमी होगा। उसकी कल्पना में आकाश को छूती कोई ऊँची इमारत, वृक्ष की शक्ल में ही हो सकती थी। धन्य हो कलाकार! सामने जो गगनचुम्बी मन्दिर था, वह कोहफुकुजी का पगोड़ा था। पाँच मंज़िल का भव्य वास्तुशिल्प! इसकी ज़मीनी इमारत को मिला लें तो यह कुल छह हो जाता था। जहाज़ की तरह फैलती उसकी बारीक कारीगरी से सजी भुजाएँ, मानो अपनी छाया में सारे दृश्यमान को समेट लेना चाहती हों। उसके सामने खड़े हो कर मनुष्य अपने को कितना बौना पाता है, कितना निरुपाय! एक अदना पौधा जितना!

सामने है विराट पगोड़ा वृक्ष—उन्नत और भव्य! मष्तक ऊँचा उठाये! आकाश से बतियाने को सन्नद्ध!

मैंने अपने को कितना छोटा पाया—विशालता भी क्या चीज़ है!

कई बार मनुष्य की अपनी ही निर्मिति उसे छोटा कर देती है!

इसके भीतरी भाग में समाहित इतिहास को देखने की इच्छा किसे न होगी, हम सब भी इस इच्छा से भरे थे, पर भीतर कुछ पुनर्निमाण हो रहा था, जिसके कारण अन्दर जाना सम्भव न हो सका। इसके बाहरी सौन्दर्य पर रीझते हुए हम लोग कोहफुकुजी नेशनल ट्रेजर हॉल की तरफ बढ़े।

यह ट्रेजर हॉल सचमुच ट्रेजर है—बौद्धकालीन इतिहास की अनेक सामग्री, दस्तावेज़, मूर्तियाँ, पात्र...आदि अपनी कथा कहते जीवन्त से जान पड़ते हैं। संग्रहालय का बाहरी हिस्सा छोटा-सा प्रदर्शनी घर या दुकान जैसा है पर अन्दर

विशाल प्रांगण है, जिसे ध्यानपूर्वक देखना, पूरा दिन ख़र्च करके भी मुश्किल से पूरा किया जा सकता है। बहुत व्यापक प्राचीन ऐतिहासिक जानकारियाँ यहाँ भरी पड़ी हैं। अनेक मूर्तियाँ बोधिसत्व के प्रसिद्ध शिष्यों, उनके अनुयायियों की हैं। अनेक मूर्तियाँ जातक कथाओं से भी प्रेरित हैं। असुर की मूर्ति यहाँ थी–एक अद्‌भुत मूर्ति-कलाकृति के रूप में विशिष्ट दिख रही थी–उसके त्रिमूर्ति जैसे तीन सिर और छह हाथ थे। दो हाथ नमस्कार की मुद्रा में थे तो दूसरे दो हाथ आकाश की तरफ उठे हुए, तीसरा जोड़ा हाथ अँगुलियों की ख़ास मुद्रा बनाये हुए था। असुर की इस मूर्ति के साथ दन्तकथाएँ जुड़ी हुई थीं। एक कथा यह भी थी कि असुर बोधिसत्व को परेशान करने आया था, किन्तु बाद में वह बोधिसत्व का शिष्य बन गया और उसने अपना पूरा जीवन बोधिसत्व के लिए समर्पित कर दिया। उसे ज्ञान प्राप्त हुआ और वह बुद्ध के प्रमुख आठ सुरक्षादलों में से एक बना। यहाँ सुरक्षादल कहे जाने से भी एक अर्थ बौद्धों के लगातार संघर्षों या युद्धों की तरफ जाता है। अन्यथा अहिंसक धर्म में सुरक्षादल और सैन्य वेशभूषा की क्या आवश्यकता!

हॉल के बीच में बोधिसत्व की विशाल मूर्ति है जो अपनी शिल्पकला में अनूठी है। अनूठी इसलिए भी है कि यह अपने स्वरूप में अलग और बौद्ध धर्म के पारम्परिक रूप से नितान्त भिन्न है। यह मूर्ति बुद्ध को सहस्रबाहु के रूप में प्रतिष्ठित करती है। इसे देख कर आश्चर्य में पड़ जाना स्वाभाविक है। अभी तक हम जिस बुद्ध को जानते रहे, उनके सहस्रबाहु रूप की कल्पना कर पाना सम्भव नहीं था। पर सामने जो है, वह मूर्तिकला का सुन्दर नमूना तो है पर यह बुद्ध के रूप से बिल्कुल अलग है। यह तो हिन्दू धर्म के उस रूप को ध्वनित करता है जिसे सर्व सामंजस्यकारी माना गया है। तो यह सब मिल-जुल कर किस तरह नया बना होगा, इसके चिह्न जगह-जगह दिख जाते हैं। यहाँ भी बोधिसत्व पर विष्णु के गुण आरोपित दिख रहे हैं। विष्णुअवतार के सारे अस्त्र-शस्त्र–तीर-धनुष, सुदर्शन चक्र, गदा, त्रिशूल...शंख...आदि बोधिसत्व ने अपने सहस्रबाहु में धारण किये हुए हैं। उनके सिर के पीछे बड़ा-सा आलोक चक्र है जिसमें भी कुछ मूर्तियाँ हैं।

संस्कृतियों का यह मिश्रण मनुष्य की दुर्दम्य जिजीविषा का परिणाम है। इतिहास में अनेक ऐसे कालखण्ड आये होंगे, जब संघर्षों से मनुष्य ने नयी शक्ति पायी होगी। मनुष्य की जीवनी शक्ति सभ्यता और संस्कृति के वृथा मोहों को अधिक देर तक ले कर नहीं चलती, वह जीवन के लिए अनावश्यक हो गयी चीज़ों को छोड़ती चलती है। सभ्यता और संस्कृति का मोह इस जीवनी शक्ति के आगे देर तक बाधा बना डटा नहीं रह पाता। मुख्य चीज़ है जीवन और सारा संघर्ष उसी जीवन के लिए है।

इसलिए केवल मनुष्य की जिजीविषा ही शुद्ध और प्राणवान चीज़ है। सहस्त्रबाहु बुद्ध की मूर्ति यह बता रही है कि कैसे हिन्दू धर्म और बौद्ध धर्म यहाँ आकर मिल-जुल गये हैं। भौतिक और राजनीतिक परिस्थितियों के कारण अहिंसा के समर्थक बुद्ध की मूर्ति को अनेकानेक अस्त्र-शस्त्र धारण करना पड़ा होगा। जो धर्म, ब्राह्मण वर्चस्व के ख़िलाफ़ और हिन्दू वर्णाश्रम व्यवस्था के विरुद्ध, करुणा से आप्लावित हो कर उठ खड़ा हुआ पूर्णतः अहिंसक था, यहाँ आ कर उन्हीं हिन्दू देवी-देवताओं के युद्ध-प्रतीक चिह्नों से लैस हो गया है! यहाँ मुझे फिर आचार्य हजारी प्रसाद द्विवेदी की बात याद आती है कि "मनुष्य की जीवनी शक्ति बड़ी निर्मम है, वह सभ्यता और संस्कृति के वृथा मोहों को रौंदती चली आ रही है। न जाने कितने धर्माचारों, विश्वासों, उत्सवों और व्रतों को धोती-बहाती यह जीवन धारा आगे बढ़ी है। संघर्षों से मनुष्य ने नयी शक्ति पायी है। हमारे सामने समाज का आज जो रूप है, वह न जाने कितने ग्रहण और त्याग का रूप है।"

इतिहास गवाह है कि बौद्धों को अपने सरवाइवल के लिए और अपने धर्म को बचाने के लिए अनेक बार युद्धों का सामना करना पड़ा है। वर्चस्व की लड़ाइयों में इतिहास का एक समय बौद्ध धर्म को भी अपने हिंसक आगोश में समेट लेता है पर उनका मूल रूप अहिंसा से बाहर नहीं होता। इतिहास कहता है कि जापान में भी बौद्धों को युद्ध की भयावहता का सामना करना पड़ा था। इसकी तैयारी और सावधानी उनकी मूर्तियों में दिखाई पड़ती है। असुर, जो बुद्ध के आठ प्रोटेक्टर्स में से एक हैं, अतुलित बलशाली और अत्यन्त चौकन्ने, तीक्ष्ण बुद्धियुक्त दिखाये गये हैं–एक सैनिक की भाँति निरन्तर जागरूक। भारतीय परम्परा में प्रयुक्त गरुण का रूपक भी यहाँ बदली हुई भूमिका में दिखाई पड़ रहा है। एक योद्धा की भाँति वेशभूषा में गरुण की मूर्ति भव्य, मोहक और जीवन्त है, लगता है अभी बोल पड़ेगी। यह योद्धा की वेशभूषा अद्‌भुत रूप से चमत्कृत करती है। भारत से यहाँ तक आते आते गरुण का रूप परिवर्तन, संस्कृतियों के मिलन से होने वाले बदलाव और पुरा कथाओं की आवश्यकतानुसार की गयी व्याख्याओं की तरफ भी संकेत करता है। गरुण को यहाँ अंग्रेज़ी में कहीं-कहीं 'करुणा' (Karuna) लिखा है–यह उच्चारण के कारण भी हो सकता है और व्याख्या के कारण भी। गरुण की कथा को भारतीय कथा दृष्टि से करुणामय कहा जा सकता है, पर यह आशय मेरा अपना हो सकता है, ऐसा कहीं उल्लेख नहीं है। लेकिन यहाँ गरुण का योद्धा रूप इस आशय को ख़ारिज कर देता है।

बुद्ध की दूसरी मूर्ति भी विशाल थी। पूरी मूर्ति के चारों तरफ चमकदार कार्विंगवाला सुन्दर आलोक चक्र था। यह आलोक चक्र भी हिन्दू सनातन देवी देवताओं से जुड़ा रहा है। हाव-भाव से भरी इन मूर्तियों की ऐसी अद्‌भुत जीवन्तता को देख कर कहा जा सकता है कि एक समय जापान ने मूर्ति शिल्प में अपने शिखरत्व को प्राप्त किया है।

नारा में डियर पार्क के पास, चारों तरफ पेड़ों के बीच अशोक लाट स्थापित की गयी है। यह कभी भारत से लायी गयी थी। इसके लाने और स्थापित किये जाने की सारी कथा एक लाल पत्थर पर जापानी भाषा में लिख कर रखी गयी है। यह पत्थर ठीक लॉट के पास रखा गया है। अशोक लॉट देख कर और उसका भारत से लाया जाना जान कर, कहीं अपना कुछ जुड़ा हुआ लगा–कोई रिश्ता, कोई गहरा पूर्व सम्बन्ध।

चमकीली धूप के बावजूद ठण्डे मौसम में घूमते हुए अब हम थक चुके थे। यहाँ से प्रोफ़ेसर ताकाहाशी जी के अनुसार हमें एक भारतीय रेस्त्राँ में डिनर करना था, जहाँ और भी विद्वान मिलने आने वाले थे। तो हम यहाँ से दूर ओसाका के एक विशुद्ध भारतीय तरीक़े के रेस्त्राँ में पहुँचे। छोटा किन्तु साफ़-सुथरा यह रेस्त्राँ किसी भारतीय ग्राम्य भोजनालय की याद दिला रहा था। भीतर छोटी जगह में ही बड़े करीने से टेबल लगी थी। हिन्दी के विद्वान मिजोकामी जी भी वहाँ पधारे। सभी लोग भारतीय खाना खाने के इच्छुक थे। वेटर थाली और कटोरी रख गया तो बहुत अच्छा लगा। परदेश में देश की महक।

"ये लोग भारतीय हैं? कब से यहाँ बसे हैं?" यह एक सहज प्रश्न था।

पता चला रेस्त्राँ के सभी लोग भारतीय हैं और उत्तराखण्ड के रहने वाले हैं। लम्बे समय से जापान में बस गये हैं और अब जापानी भाषा जानते-बोलते हैं। उत्तराखण्ड सुन कर अच्छा लगा, देहरादून की याद आयी। पनीर की सब्ज़ी और तवा रोटी खायी गयी। खाने के साथ साहित्य और भारतीय राजनीति पर बातें भी होती रहीं। भोजपुरी भाषा की बात आयी। सबने इच्छा प्रकट की कि मैं भोजपुरी और बलियाटी के अन्तर को बताऊँ। ताकाहाशी जी को भोजपुरी भाषा प्रिय है। वैसे उनका अनेक भारतीय भाषाओं पर अधिकार है। मिजोकामी जी भी अनेक भारतीय भाषाएँ जानते हैं। मैंने बनारसी भोजपुरी, जिसे काशिका भी कहते हैं और बलिया की बलियाटी भोजपुरी बोल कर उसका अन्तर बताया। क्रियापदों के अन्तर से पहचान बताई। चूँकि बलिया के ओझवलिया में आरत दुबे का छपरा मेरे पूर्वजों का गाँव है और घर में बलियाटी भोजपुरी बोली जाती है, इसलिए उसका महत्त्व मेरे लिए खास है।

टोक्यो : 'लव इन टोक्यो' के साथ

—जगह
टोक्यो की रात,
शिनागावा होटल का कमरा,
दिनांक—27.11.2018

तो क्योटो के शिकांशेन स्टेशन से हमने बुलेट ट्रेन पकड़ी। पहली बार उस बुलेट ट्रेन में बैठना था, जिसके बारे में सुनते, पढ़ते रहे थे। दुनिया की सबसे गतिशील ट्रेन का आना उतना ही तीव्र गतिमान था—एक झोंके की तरह। बमुश्किल दो मिनट के लिए ट्रेन रुकी और हम फटाफट ट्रेन में चढ़ गये। भीतर का अनुभव लगभग वैसा ही था जैसा किसी अच्छे हवाईजहाज़ में बैठने पर होता है। अन्तर इतना था कि सीट बेल्ट बाँधने की बाध्यता नहीं थी। कुछ आगे किनारे की सीट पर एक स्त्री बहुत छोटा बच्चा लिये बैठी थीं। जब वे उठीं, उन्होंने बच्चे को अपने पेट पर बाँधा, सामान तरतीब से लगाया और फिर सीट भी साफ़ किया—यह आख़िरी क्रिया हमारे यहाँ प्राय: नहीं मिलेगी।

टोक्यो में हम जिस होटल में ठहरे थे, वहाँ तक पहुँचने का रास्ता थोड़ा पहाड़ी था। हल्की चढ़ाई थी, रिक्शा नहीं चल सकता था। वैसे रिक्शा जैसी चीज़ मैंने पूरे जापान में कहीं नहीं देखी। सबके साथ चलते हुए होटल तक पहुँचना बड़ा सुखद था। रास्ते में पड़ने वाले एक ख़ूबसूरत रेस्त्राँ में हमने खाना खाया। मेरे लिये खाना पसन्द करने में प्रो. कोमात्सु का सहयोग रहता था। उन्हें पता था कि एक भारतीय को कैसा खाना पसन्द आयेगा और उनका पसन्द किया जापानी खाना हमेशा बहुत स्वादिष्ट लगा। टोक्यो पहुँचते हुए हमें रात हो गयी थी। सुबह टोक्यो विश्वविद्यालय, टोक्यो में कार्यक्रम था।

टोक्यो के साथ बचपन की कुछ स्मृतियाँ इस तरह जुड़ी थीं कि अपने आप वे चली आयीं। 'लैवंटोकियो' एक ऐसा ही शब्द था, जो दरअसल 'लव इन टोक्यो'

से बना था। यह बालों में लगाने वाले एक ख़ास तरह के रबड़ बैंड को कहते थे, जिसमें सुन्दर दो झब्बू वाले लटकन लगे होते थे। ऐसा रबड़ बैंड 'लव इन टोक्यो' नाम की फ़िल्म की नायिका ने लगाया होगा। सन् 1966 में बनी यह हिन्दी फ़िल्म बॉक्स ऑफ़िस की हिट फ़िल्म थी। आशा पारेख और जॉय मुखर्जी की हिट जोड़ी थी। जॉय मुखर्जी जापान जाता है जहाँ उसकी मुलाक़ात आशा पारेख से होती है। प्राण, महमूद, ललिता पंवार जैसे मंजे हुए कलाकार इस फ़िल्म में थे। हालाँकि यह फार्मूलाबद्ध फ़िल्म थी लेकिन इसके कुछ दृश्य और गाने दिल को छू लेने वाले थे। हसरत जयपुरी ने इसके गाने लिखे थे और उनका लिखा, "सायोनारा, सायोनारा, कल फिर आऊँगी मैं सायोनारा..." बहुत लोकप्रिय हुआ था। 'सायोनारा' शायद वह पहला जापानी शब्द था, जिसने भारतीयों के दिल में जगह बनायी थी। जिसका अर्थ 'विदा' था, पर आज भी भारतीयों के लिए 'गुड बॉय' की जगह प्यार में बोले जाने वाले शब्द का दर्जा उसे मिला हुआ है। इसी फ़िल्म से पहली बार आम भारतीय ने जापान को अपने निकट पाया था। और इसी फ़िल्म से फैशन में चल पड़ा 'लैवंटोकियो' भी अपनी लोकप्रियता में कहीं से कम साबित नहीं होता था। लम्बे समय तक यह फैशन के सिर चढ़ कर बोलता रहा। घर-घर में लोगों ने इसे ख़ुद ही बनाने का हुनर पा लिया था। मेरी माँ ने भी घर में बहुत से शानदार 'लैवंटोकियो' बनाये थे—सुन्दर, रंग-बिरंगे, जिसे लगा कर हम कभी स्कूल, पिकनिक या शाम को दोस्तों के साथ खेलने जाया करते थे।

टोक्यो की इस रात में यही 'लैवंटोकियो' मेरी स्मृति में धीरे-धीरे उतर रहा था।

"तुम टोक्यो पहुँच गयी?" माँ ने पूछा था।

क्या माँ मेरी स्मृति को इतनी दूर से पहचान गयी थीं!

टोक्यो विश्वविद्यालय, टोक्यो

–जगह

टोक्यो विश्वविद्यालय, टोक्यो, जापान

दिनांक–28.11.2018

लंच करके हमें कार्यक्रम के लिए निकलना था। यहाँ लंच प्राय: 11 से 12 बजे के बीच हो जाता है। इसका कारण सूरज का जल्दी उदित होना और दिनचर्या का जल्दी शुरू होना भी है। आठ बजे तक तो अच्छा खासा सूर्य आसमान के बीच आ चुका होता है। हम लोग 11 बजे निकले और टहलते हुए, शहर को देखते हुए जहाँ पहुँचे, वह सुखद आश्चर्य से भरने वाली जगह थी–सामने लिखा था 'सलमा' रेस्टोरेंट 'इंडियन कुज़न' के लिए मशहूर। इसके मालिक शायद पाकिस्तान के थे पर यह 'भारतीय कुशिन' के नाम से ही विख्यात था। इसमें काम करने वाले लोग भी भारतीय या शायद पाकिस्तानी थे। मेरी बड़ी-सी बिन्दी देख कर वहाँ फूड सर्व कर रहे एक कर्मचारी ने हिन्दी में बात की और अपना परिचय दिया। उसका व्यवहार अच्छा लगा। भारतीय व्यंजनों का मीनू आया। मुझे बताया गया कि यहाँ की बिरयानी बहुत प्रसिद्ध है। फिर तो हम लोगों ने भी बिरयानी मँगवायी। बिरयानी के साथ कई चीज़ें काम्पलीमेंट थीं जैसे रायता, सलाद, चटनी, करी...बिरयानी वाकई बहुत अच्छी थी, हैदराबादी बिरयानी की याद दिलाने वाली।

मिर्च-मसाला जापान के व्यंजनों में लगभग नहीं है, इसलिए तीखा खाने का अभ्यास भी कम है। हालाँकि मैंने पाया कि जापानी लोग भारतीय व्यंजन पसन्द करते हैं। कुछ लोगों ने आम और मिर्ची का अचार पसन्द होने की बात भी कही थी। जबकि नमक, चीनी की तरह ही जापानी खाने में मिर्च नहीं है, पर मिर्च का सॉस, चटनी जैसी चीज़ें मिलती हैं। भारत आते समय मैं अपने साथ हरी मिर्च की एक ऐसी ही ख़ास जापानी चटनी लायी थी। यह बेहद अच्छे स्वाद वाली चटनी थी, जिसे घर में और घर आये मेहमानों ने भी पसन्द किया।

टोक्यो विश्वविद्यालय का गेट विशाल और सुन्दर था, जिस पर जापानी भाषा में विश्वविद्यालय के नाम का सौन्दर्यपूर्ण अंकन था। अन्दर सफ़ेद रंग की इमारतें दिख रही थीं। गेट पर ही मुझे रिसीव करने प्रो. मिवाको नाम्बा आ गयी थीं। फिर कुछ और जापान के विद्वान, कवि, लेखक आये। गेट के अन्दर कुछ ही दूर पर एक बोर्ड लगा था, जिस पर उस दिन के मुख्य कार्यक्रमों का विवरण लिखा था। प्रो. नाम्बा ने दिखाया कि कहाँ पर आज के मेरे कार्यक्रम की सूचना है और कहाँ मेरा नाम लिखा है। जापानी में होने के कारण पढ़ तो नहीं सकी पर देख कर अच्छा लगा। विश्वविद्यालय के कल्चरल सेंटर के बड़े से हॉल में हम लोग पहुँचे। वहाँ भी एक बेहतरीन पोस्टर आज के कार्यक्रम का लगा था। वहाँ कुछ पहचाने चेहरे भी मिले, जिनसे ओसाका में मुलाक़ात हो चुकी थी और जो इस कार्यक्रम समिति का हिस्सा थे। यहाँ मुझे डॉ. हिसाको मात्सुकिजोनो मिलीं और बहुत मिलनसार स्वभाव की सुश्री मेरी साइगुची मिलीं। मेरी साइगुची कभी भारत में रही थीं और भारत को मन से याद करती थीं। वे आत्मीय और अपनत्व से भरी शख़्सीयत लगीं। श्रोताओं की संख्या अच्छी ख़ासी थी। कहते हैं कि जापान में कम लोग कार्यक्रमों में आया करते हैं पर यहाँ और इससे पहले इबाराकी में श्रोताओं की उपस्थिति बहुत उत्साह पैदा करने वाली थी। यहाँ भी मेरी कहानियाँ के अनुवाद की बुकलेट सभी श्रोताओं में वितरित की गयी। और मेरी लगभग सभी किताबें भी प्रदर्शित की गयी थीं। अच्छा यह भी था कि मेरी किताबें धीरे-धीरे एक डेस्क से दूसरे पर होती हुई लगभग सभी श्रोताओं की नज़रों से गुज़र रही थीं।

यहाँ के कार्यक्रमानुसार पहले मुझे एक व्याख्यान देना था, फिर मेरे साहित्य पर जापान के दो आलोचकों को, जो वहाँ के प्रसिद्ध कवि और लेखक भी थे, उन्हें बोलना था। प्रश्नोत्तर काल यहाँ भी निर्धारित था।

कार्यक्रम का प्रारम्भ करते हुए मेरा विस्तृत परिचय प्रो. मासाकी ताकेडा ने दिया। मेरे परिचय और स्वागत के बाद मुझे अपना व्याख्यान देना था। मैं हिन्दी में बोलती थी और प्रो. कोमात्सु तत्काल उसे जापानी भाषा में अनूदित कर बताती थीं। यह क्रम बड़ा सुन्दर था। मेरे बोलने के साथ सामने के चेहरों की प्रतिक्रिया समझ में आती थी। मेरे बोलने के बाद, जापानी भाषा के दो प्रसिद्ध आलोचकों को मेरे साहित्य पर आलोचनात्मक वक्तव्य देना था। पहले प्रो. कोजी टोको जी ने बात शुरू की। वे आलोचक भी थे और प्रसिद्ध कवि भी। साथ ही वे वासेडा विश्वविद्यालय के अंग्रेज़ी विभाग में प्रोफ़ेसर भी थे। उन्होंने विस्तार से मेरे कथा साहित्य की विवेचना की। उनकी तैयारी बहुत अच्छी थी। बाद में उन्होंने मुझे मेरा वह इंटरव्यू दिखाया,

जो दस साल पहले डॉ. तोमोको किकुची जी ने लिया था और जो वहाँ जापानी भाषा में प्रकाशित हुआ था। इस इंटरव्यू में एक ऐसा फ़ोटो छपा था, जिसमें मैं, मेरी माँ और मेरी बेटी एक साथ बैठी हैं। इसी फ़ोटो से मुझे यह इंटरव्यू पहचान में आ गया। दस साल पहले जब इस साक्षात्कार को लेने डॉ. किकुची जी मेरे घर आयी थीं, तब मेरी माँ भी मेरे साथ थीं और उन्होंने यह तस्वीर अपने कैमरे से ली थी। साक्षात्कार के प्रकाशित होने पर उन्होंने मुझे भेजा भी था। भाषा तो नहीं पढ़ सकती थी पर फ़ोटो और अंग्रेज़ी में लिखे अपने नाम को देख कर अच्छा लगा था। उस समय ही तोमोको जी ने मेरी कुछ कहानियों का अनुवाद किया था। आज इतने लम्बे समय बाद उस इंटरव्यू को फिर से देख कर अच्छी अनुभूति हुई और यह भी लगा कि एक लेखक के साहित्य पर जापानी लोगों की तैयारी कितनी गम्भीर होती है।

टोको जी जापानी में बोल रहे थे और धाराप्रवाह बोल रहे थे। उनके वक्तव्य को हिन्दी में अनुवाद करके प्रो. कोमात्सु बता रही थीं। उन्होंने मेरे कथा साहित्य को पढ़ कर प्रशंसा करते हुए माना कि 'यह दुनिया के महत्त्वपूर्ण साहित्य में गिना जाने वाला साहित्य है। उन्होंने मेरी कहानियों और उपन्यासों के विविध पक्षों पर बात की। उन्हें जापान के आम जन जीवन की समस्याओं के साथ जोड़ कर देखा और मेरी अपरम्परागत शैली को रेखांकित किया। यह 'अनकन्वेशनल' जैसी बात हुई, जो मेरे कथा साहित्य के लिए बार-बार कहा गया। फिर लगभग कुछ इस तरह प्रश्न किया कि 'यह पूरा साहित्य अभी तक अंग्रेज़ी में ट्रांसलेट क्यों नहीं हो सका है? अंग्रेज़ी में ट्रांसलेट होने पर दुनिया की बहुत सी भाषाओं में पहुँच आसान हो जाती है।'

उनके बाद प्रखर स्त्रीवादी आलोचक और लेखक नाकामुरा काजुए बोलीं। उन्होंने मेरे कथा साहित्य का, स्त्री दृष्टि से दुनिया को, उसके भाव, विचार को देखे जाने वाले साहित्य की तरह विश्लेषण किया। वे बेहद आत्मविश्वास से भरी व्यक्तित्व थीं और मेरे कथा साहित्य की परतें बहुत गहराई से खोल रही थीं। मेरी कई कहानियों से उदाहरण देते हुए उन्हें वैश्विक चिन्ताओं से उन्होंने जोड़ा। उन्होंने भी आख़िरी में कुछ इस तरह का एक प्रश्न उठाया कि भारतीय साहित्य जो अंग्रेज़ी में आ रहा है और जो विदेश में बैठे भारतीय लोग लिख रहे हैं, उसे पढ़ कर भारत को कितना जाना जा सकता है या भारतीय भाषाओं के साहित्य से ही यह ठीक समझ में आयेगा?

दोनों वक्तव्यों के समाप्त होने पर मुझसे उनके प्रश्नों पर प्रकाश डालने के लिए कहा गया। इस समय तक मेरी कुछ कहानियाँ ही अंग्रेज़ी में अनूदित थीं। मैंने पहले कोजी टोको जी के प्रश्न पर अपनी बात रखी और जो मैंने कहा और उसमें से जो

याद रहा, वह संक्षेप में कहा जाये तो कुछ कुछ इस तरह था–यह सही है कि अंग्रेज़ी में छपने से सारी दुनिया में पहुँच आसान हो जाती है, किताब की विविध पाठकों तक रीच बढ़ जाती है। परन्तु हिन्दी या भारतीय भाषाओं का साहित्य बहुत कम अंग्रेज़ी में अनूदित हो पाता है। उसका कारण है कि ऐसी कोई व्यवस्था नहीं है कि अच्छी कृतियों का तत्काल अनुवाद कराया जाये, दूसरे हिन्दी प्रकाशक इसमें रुचि नहीं ले पाते। बहुत पुराने लेखकों की प्रसिद्ध कृतियों का अनुवाद आज तक सम्भव नहीं हो पाया है। जिन लेखकों के अनुवाद अंग्रेज़ी में छपते हैं, वे प्राय: प्रशंसकों द्वारा किये जाते हैं या कोई अनुवादक स्वत: आ जाता है तो अनुवाद हो जाता है। इस तरह अंग्रेज़ी में कुछ चीज़ें चली जाती हैं। यह समस्या हिन्दी के साथ-साथ सभी भारतीय भाषाओं के आगे है। दूसरे अंग्रेज़ी की दुनिया भी अलग है। वे प्राय: हिन्दी लेखकों को अपनी दुनिया में कम ही आने देते हैं।

एक और भी समस्या है कि अंग्रेज़ी के पॉपुलर टाइप लिटरेचर से बाज़ार को भरा जा रहा है जिसे भारतीय और हिन्दी साहित्य के विकल्प के तौर पर प्रस्तुत किया जाता है और जो नये-नये अंग्रेज़ी पढ़े लिखे मध्यवर्गीय युवा को फ़ोकस करता है। आज हिन्दी में भी इस तरह के पल्प लिटरेचर का चलन जोरों पर है, जो पाठक को भ्रमित अधिक करता है। 'आसान साहित्य आसान भाषा में' कुछ इस तरह का उसका मोटिव है, जो विशुद्ध मनोरजंन के लिए है, जबकि जेनुइन साहित्य अपने पाठक को दृष्टि भी देता है और उसकी दृष्टि में विस्तार भी करता है। साहित्य का उद्‌देश्य सिर्फ़ मनोरंजन नहीं है। साहित्य के पास पाठक अपने समय की जटिलताओं और समाज को समझने के लिए भी आता है।

एक मुद्‌दा भाषा की राजनीति का भी है, उससे भी अन्तत: लाभ अंग्रेज़ी के हिस्से में चला जाता है।

नाकामुरा जी के जवाब में जो बात कही, उसका सार संक्षेप भी कुछ इस तरह था कि अंग्रेज़ी हमेशा से उच्च वर्ग की भाषा रही है। आज भी छोटे शहर और गाँव अंग्रेज़ी सीखना तो चाहते हैं पर भाषा के स्तर पर वे अंग्रेज़ी की जद में नहीं हैं। एक भाषा के रूप में अंग्रेज़ी की पढ़ाई ज़रूर होती है, पर अंग्रेज़ी मीडियम स्कूल अभी भी पूरे भारत में नहीं हैं। एक सच्चाई यह भी है कि दैनिक जीवन में गाँवों में, क़स्बों में अंग्रेज़ी की ज़रूरत नहीं पड़ती। चूँकि अंग्रेज़ी को रोजगार से जोड़ दिया गया है, इसलिए सामान्य परिवारों के भारतीय बच्चे बहुत कोशिश करके अंग्रेज़ी सीखते हैं। उनके लिए उस भाषा में अपने परिवेश और जीवन को अभिव्यक्त करना कठिन

होता है, जबकि एलीट वर्ग का बच्चा अंग्रेज़ी के लिए सुविधाजनक परिवेश में पलता है। आज अंग्रेज़ी मीडियम स्कूलों की बाढ़ है तो वहाँ गुणवत्ता की समस्या भी है।

दूसरे उच्च वर्ग में खड़े हो कर व्यक्ति जब नीचे देखता है तब वह प्राय: सारे सच नहीं जान पाता। यथार्थ की गहराई उससे छूटती है। वह जिन पर लिखता है, वह उसके लिए 'अन्य' है, कायान्तरण की समस्या यहाँ उसके सामने होती है। कई अंग्रेज़ी लेखक अच्छा लिखते हैं, पर अक्सर वे उच्च वर्ग की बात ही लिखते हैं। उससे भारत को कुछ जाना तो जा सकता है पर भारत का असली ग्रामीण और निम्नमध्यवर्गीय चेहरा वहाँ कम ही मिलेगा। इसलिए उनका लिखा और जो भारतीय भाषाओं में लिखा जा रहा है, उसमें अन्तर आ जाता है। भारत को उसकी विविधता और उसके बहुविध लेयर्स में जानना है तो हिन्दी और भारतीय भाषाओं के साहित्य को जानना होगा। जैसे मणिपुर को जानना है तो वहाँ के मणिपुरी साहित्य से मदद मिल सकती है या बंगाल को बांग्ला साहित्य अधिक व्यक्त कर सकेगा।

श्रोताओं के बीच से भी बहुत से प्रश्न आये। सभी लोग भारतीय लेखक, साहित्य और भारत को जान लेने की जिज्ञासा से भरे थे। यहाँ मैं कुछेक दिलचस्प प्रश्नों का ज़िक्र करना चाहती हूँ, जो मुझे याद रह गये। जैसे कि एक श्रोता ने पूछा–लेखक अगर पढ़ाता भी है तो क्या अन्तर आता है या वह क्या अन्तर महसूस करता है?

चूँकि मैं एक शिक्षक भी हूँ तो ऐसा प्रश्न स्वाभाविक है। इस प्रश्न का जो जवाब मैंने दिया, उसका लब्बोलुआब कुछ इस तरह था कि लेखक अपने समय के प्रचलित फ्रेम को तोड़ता है और अपने लेखन से एक नयी खिड़की खोलता है। साहित्य में नवाचार और नवोन्मेष ज़रूरी है। प्रतिभा को हमारे यहाँ 'नवोन्मेषी' माना गया है। मैं भी न तो साहित्य में किसी फ्रेम को मानती हूँ और न अध्यापन में। साहित्य में फार्मूला नहीं चाहिए, जीवन चाहिए। लेखक जब फार्मूला में नहीं बँधेगा तो जब वह पढ़ायेगा तो वहाँ भी फार्मूला में नहीं बँधेगा। नवोन्मेष और नवाचार की स्थितियाँ वहाँ भी घटित होंगी। जब हम जीवन में कोई रास्ता नहीं पाते तब भी साहित्य में रास्ते की तलाश बची रहती है। विचार और संवेदना, मनुष्यता और विवेक को बचाने का काम साहित्य बहुत ख़ामोश तरीक़े से करता रहता है।

यहाँ फिर यह प्रश्न आया कि 'मेरे वक्तव्य में रूसी साहित्य पढ़ने का ज़िक्र ज़्यादा आया पर अन्य भाषाओं के साहित्य का ज़िक्र कम किया गया है?'

यह प्रश्न दिलचस्प था। मैंने अपने स्कूल और कॉलेज के समय का ज़िक्र कर बताया कि किस तरह रूस और भारत के बीच हुए सांस्कृतिक आदान-प्रदान

के समझौते के तहत रूसी साहित्य छोटे क़स्बों में भी सहज ही उपलब्ध होने लगा था और वह भी हिन्दी में अनूदित रूप में। भारत में पीपुल्स पब्लिशिंग हाउस और रूस में रादुगा प्रकाशन के सहयोग से ये अनुवाद हुआ करते थे और बेहद सस्ते दामों में उपलब्ध थे। हमारी पॉकेट मनी में ये किताबें आ जाती थीं। दूसरे रूसी साहित्य की ज़मीन बहुत कुछ हमारे देश की तरह लगती थी तो हमें अपने निकट के समाज का अहसास भी होता था। जैसे टॉलस्टाय या चेखव हमें परिचित लगा करते थे। गोर्की और तुर्गनेव के प्रति हम एक अजीब प्यार से भरे होते। गोगोल हमें बहुत भाते। 'अन्ना कारेनिना' की अन्ना और 'युद्ध और शान्ति' की नताशा हमारी कल्पना की नायिकाएँ थीं, जिनके प्यार में हम भी कुछ-कुछ पागल हुए थे। इस तरह हिन्दी से रूसी का अनूठा रिश्ता बना था। तो जाहिर-सी बात है कि इन किताबों की उपलब्धता ने विश्व साहित्य की एक खिड़की हमारे लिए खोली थी। केवल इतना ही नहीं था कि साहित्य एक दूसरे के निकट आये थे, बल्कि कला की अन्य विधाओं की निकटता भी बढ़ी थी। हिन्दी और रूसी सिनेमा भी निकट आये थे। राजकपूर की 'मेरा नाम जोकर'—जैसी फ़िल्म में हिन्दुस्तानी कलाकारों के साथ रूसी कलाकारों ने भी काम किया था।

रूसी अनुवाद ने जो रुचि जगायी, उसी के बाद मैं धीरे-धीरे अंग्रेज़ी साहित्य में उतरी और बहुत-सा फ्रेंच, जर्मन, स्पेनी, दक्षिण अमेरिका का अंग्रेज़ी में उपलब्ध साहित्य के साथ अपने पढ़ने का विस्तार करने की कोशिश करती रही।

मैंने इच्छा जतायी कि जापानी और हिन्दी साहित्य भी इसी प्रकार निकट आयें। फिर मुझे जापानी लेखक हारूकी मुराकामी की एक पंक्ति याद आयी—'डिसटेंस डजंट मैटर।'

मुझे आद आया कि इबाराकी, ओसाका के कार्यक्रम में भी एक ऐसा ही प्रश्न आया था। मगर वह सिर्फ़ चीनी भाषा साहित्य से जुड़ा था।

एक प्रश्न 'टेक्नॉलॉजी के आने से भारत में स्त्रियों की स्थिति पर क्या प्रभाव पड़ा?' कुछ इस तरह का था।

टेक्नॉलॉजी जब भी आती है, बहुत कुछ को बदलते हुए आती है। परम्परा का बहुत कुछ ध्वस्त होता है और बहुत कुछ नया बनता जाता है। स्त्रियों के जीवन में भी बदलाव आये। जागरूकता और शिक्षा का स्तर बढ़ा, आत्मनिर्भरता में भी पहले से बढ़ोतरी हुई। सूचनाओं ने बहुत सारे सच का पर्दाफ़ाश भी किया है। सोशल मीडिया ने जहाँ भ्रामक जगत बनाया है, वहीं अनजाने ही स्त्रियों को एक स्पेस दे दिया है, जहाँ वे अभिव्यक्ति की थोड़ी-सी आज़ादी पाने की तरफ गयी हैं। हालाँकि

इस भ्रमजाल के अपने ख़तरे हैं। दूसरे शिक्षा के बढ़ने से यह पहचान भी बढ़ी है कि वे परम्परागत दायित्व से आगे एक व्यक्ति भी हैं, एक मनुष्य भी हैं, इस कारण उनके लिए और भी जीवन है।

एक प्रश्न यह भी था कि क्या लेखक लिखते समय पाठक को ध्यान में रखता है तो आप किस वर्ग के पाठक को ध्यान में रखती हैं?

यह प्रश्न भी अच्छा था और इसका जवाब देने के लिए मैंने नादिन गार्डिमर को उद्धृत करते हुए बताया कि लेखक अपने लेखन की कोई सीमा नहीं बना सकता। उसका पाठक कोई भी हो सकता है। गाँव से लेकर देश की सीमा से बाहर तक। पाठक 'बियांड द लिमिट' होता है। पाठक तय करने का मतलब है अपने लेखन की सीमा तय करना।

क्योंकि पाठक कंज्यूमर नहीं है, वह टेक्स्ट का प्रोड्यूसर भी है। पाठक से पाठ की प्रक्रिया जुड़ी होती है। वह पढ़ते हुए सारी कथा को पुनःसृजित करता चलता है। इसलिए पढ़ने को 'रचनात्मक क्रिया' कहा गया है।

यहाँ भी लोग मेरे जीवन की वह कहानी सुनना चाहते थे, जिसने मुझे प्रेरणा देने का काम किया था। सबकी माँग पर मैंने अपनी छोटी-सी बस यात्रा की कहानी सुनायी। यह सन् 2001 जून की बात थी। मैं देहरादून से ऋषिकेश बस यात्रा कर कॉलेज में पढ़ाने जाया करती थी। उस बस से महिलाओं के बहुत से झुण्ड अलग-अलग दफ़्तरों, स्कूलों, कॉलेजों में काम करने जाया करते थे। कुछ लोग साहित्य में रुचि रखने वाले भी थे। उन सबको पता चला कि मैं एक लेखिका हूँ। बस, सबने मुझे अपनी-अपनी कहानियाँ सुनायीं और उम्मीद किया कि मैं उन सबकी बातें लिखूँगी। मैंने लिखा और वह कहानी 'मुक्ति प्रसंग' नाम से कथादेश के नवलेखन विशेषांक जून 2001 में छपी। छपते ही कहानी पर मुझे ढेरों प्रतिक्रियाएँ मिलने लगीं। सारी प्रतिक्रियाएँ अच्छी नहीं थीं। कुछ अश्लील और कुछ धमकी भरे ख़त भी मिले पर बहुतों ने उत्साह भी बढ़ाया। कुछ वरिष्ठ लेखकों ने भी उत्साह बढ़ाया। स्त्रियों ने अपने पत्रों में असीमित विश्वास जताया। मैंने देखा कि पत्रों में एक पत्र मेरे अपने महाविद्यालय की एक अध्यापिका का भी था। महाविद्यालय में उनसे मेरी रोज़ की मुलाक़ात थी, पर शायद वे अपनी बात नहीं कह पाती थीं, जो उन्होंने पत्र में लिख कर बताया था। मैं ख़ुश थी और मुझे लग रहा था कि मैंने आख़िरकार अपना दायित्व निभा दिया है। लगभग हीरो बन जाने वाली ख़ुशी और आत्मविश्वास से भरी मैं बस में घुसी। वहाँ कई लोगों के हाथ में 'कथादेश' का वही अंक था, मैं उनके हाथ में अंक देख कर गर्व के रोमांच से भर गयी। पर यह क्या? कोई भी मुझे बधाई नहीं

दे रहा था, सभी ने मुझे घेर कर कहना शुरू किया–"इसमें मेरी बात छूट गयी है। आपने मेरी वाली बात तो बतायी ही नहीं।" यह क्या? एक कहानी में इतनी सारी समस्याएँ नहीं कही जा सकती थीं। मैं सबको समझा रही थी कि लिखूँगी, ज़रूर लिखूँगी सबकी बात। इतना विश्वास सबने मुझ पर किया था, अपने दिल के ज़ख़्म मेरे सामने खोले थे तो मुझे उस मानवीय विश्वास की लाज रखनी ही होगी।

और उस दिन मुझे समझ में आया कि लेखक आसमान में नहीं उड़ सकता, क्योंकि उसकी ज़िम्मेदारी ख़त्म नहीं होती। वह समाज का मुख और मस्तिष्क है, वह न कह पाने वालों की आवाज़ है। मैं इतने सारे लोगों की आवाज़ थी। मुझे अभी बहुत कहना था, उन सबकी बात भी, जो इस कहानी में नहीं समा सकी थी और उन सबकी बात भी, जो मुझ तक सीधा नहीं पहुँच सके थे। इस घटना ने मुझे गहरे प्रभावित किया, तब से अब तक कभी अपनी ज़िम्मेदारी को भूल नहीं सकी।

जीवन को उसकी समग्रता में समझना, उसकी अच्छाइयों और तमाम विसंगतियों के साथ समझना और फिर भी उसे प्रेम करना कितना अद्भुत तथ्य है, इसे एक लेखक को कभी भी विस्मृत नहीं करना चाहिए। टॉलस्टॉय जीवन से प्रेम की बात करते हैं–"जीवन ही सब कुछ है। जीवन ही ईश्वर है। जीवन से प्रेम करने का अर्थ है ईश्वर से प्रेम करना। और सबसे उदात्त और मुश्किल काम है जीवन से उसकी यातनाओं के साथ प्रेम करना।" यही प्रेम लेखन की प्राणभूमि है। जीवन के इसी प्रेम के कारण संवेदना और मनुष्यता को हम बचाना चाहते हैं। यही वे चीज़ें हैं जो लेखक को लिखने की ताक़त देती हैं और आम आदमी को जीने की।

और भी अनेक प्रश्न, जैसे प्रेम विवाह को लेकर भारत में वर्तमान स्थिति, समाज के सकारात्मक बदलाव, लेखन के क्षेत्र में मेरे सामने आने वाली बाँधाएँ, लेखन में जेंडर भेद के कारण जिन समस्याओं का सामना मुझे करना पड़ा, मेरी कहानियों के पात्र...आदि।

इस संवाद में इतना लम्बा समय कब बीत गया, पता ही नहीं चला। कार्यक्रम समाप्त हो जाने पर भी लोगों के प्रश्न समाप्त नहीं हुए थे। प्रो. नाम्बा ने धन्यवाद ज्ञापन किया। श्रोताओं में से बहुत से लोग मिलने आये। एक महिला आयीं, जिन पर मेरी निगाह हॉल में दूर बैठे होने पर भी चली गयी थी। वे भारतीय थीं और पश्चिमी परिधान के बावजूद भारत उनमें नज़र आ रहा था। उन्होंने बताया कि बीस साल से वे जापान में रह रही हैं। और यह जान कर कि आज टोक्यो में एक हिन्दी की लेखक आयी हैं, वे मुझे सुनने तीन घण्टे का सफ़र तय कर आयी थीं। मुझे उनसे मिल कर हार्दिक प्रसन्नता हुई। प्रो. रियो इशाका से य मुलाक़ात हुई, वे टोक्यो

विश्वविद्यालय के एरिया स्टडी ऑफ़ आर्ट एंड साइंस विभाग में प्रोफ़ेसर थीं। अँधेरा हो चुका था और हम सभी लोग डिनर के लिए चले।

हमेशा की तरह मेरे लिए डिनर में व्यंजनों का चुनाव प्रो. कोमात्सु ने किया। मैंने जापान में रह कर परम्परागत जापानी खाना बहुत मन से खाया। इसका श्रेय प्रो. कोमात्सु को जाता है क्योंकि व्यंजनों को उन्होंने हमेशा मन से चुना। यहाँ रियो जी और नाकामुरा जी से कुछ बातें हुईं। चूँकि वे दोनों ही हिन्दी नहीं जानते, इसलिए अंग्रेज़ी और कुछ हिन्दी जापानी अनुवाद का सहारा लिया गया। नाकामुरा काजुए बोल्ड स्त्रीवादी लगीं। उन्होंने बताया कि वे एक बार भारत आयी थीं–बेंगलुरु में रुकी थीं। भारत में टॉयलेट की समस्या पर वे काफ़ी चिन्तित दिखीं–खुले में लोग टॉयलेट कैसे जाते हैं? यह उनके लिए आश्चर्यजनक था।

एक विकसित देश, जहाँ ऑटोमेटिक टॉयलेट हों, जो आदमी के आने को सेंसर कर खुल जाते हों, फ्लश हो जाता हो...वहाँ यह कल्पना मुश्किल ही है कि लोग आज भी खुले में शौच जाते हैं। मैंने उन्हें बताया कि इस दिशा में काफ़ी काम किया जा रहा है। स्वच्छता अभियान चलाये जा रहे हैं। यहाँ दो प्रमुख समस्याएँ है–भारत एक विशाल भूभाग वाला देश है और जनसंख्या बहुत बड़ी है। सबको सभी सुविधाएँ मिल सकें, यह एक बड़ा काम है। दूसरा जो काम हो रहा है उसे सही तरीक़े से इंप्लीमेंट किये जाने की ज़रूरत होती है, जो व्यवस्था से जुड़े लोगों के मनोबल पर निर्भर करता है। कई बार अच्छी सरकारी योजनाएँ सिर्फ़ इस कारण ठीक से लागू नहीं हो पातीं या लागू होती है पर उनका परिणाम पूरा नहीं मिल पाता, क्योंकि अनेक बीच की गड़बड़ियाँ व्यवस्था को सुचारु रूप से चलने नहीं देतीं। व्यवस्था एक बड़ा कारण है कि बहुत कुछ जो आम जन तक पहुँचना चाहिए, नहीं पहुँच पाता है या कम पहुँच पाता है। दूसरी तरफ आम आदमी की वह मानसिकता भी है जो उसे उपलब्ध टॉयलेट का इस्तेमाल करने से रोकती है। इस मानसिकता के पीछे अनेक अन्धविश्वास भी छिपे हैं। ग्रामीण इलाक़ों में प्राय: यह मानसिकता बहुत मुखर दिखाई पड़ती है। कहीं-कहीं इस तरह का भी विश्वास है कि घर के भीतर टॉयलेट नहीं होने चाहिए या टॉयलेट की क्या ज़रूरत? एक लड़ाई इस तरह के अन्धविश्वासों से भी होती रहती है।

प्रो. मासाकी ताकेडा की अपनी समस्या भी थी। उनका तीन महीने का छोटा बच्चा था और वे इस चिन्ता से ग्रस्त थे कि बच्चे को देखने का उनका टाइम हो रहा है यानी उनकी शिफ्ट शुरू है। शायद शिफ्ट में पति पत्नी दोनों बच्चे को देख रहे थे। जापान के अति व्यस्त जीवन ने, बच्चों के पालन-पोषण में लगने वाले समय

को बहुत कठिन बना दिया है। पढ़ी-लिखी नौकरीपेशा स्त्रियाँ शादी कर घर बसाने को अपनी प्राथमिकता में कम ही रख पाती हैं। बच्चे पैदा करने का मतलब है अपने काम को कई गुना बढ़ा लेना, यह भी एक कारण है। भारत के महानगरों में भी ये बातें दिखाई पड़ने लगी हैं कि लड़कियाँ अपने कॅरियर और कुछ स्वतन्त्रता पा जाने के कारण शादी से बचने लगी हैं और बच्चे नहीं चाहतीं। पर यह भावना अभी छोटे शहरों में लगभग नहीं है। वहाँ अभी भी कॅरियर का त्याग और घर गृहस्थी की चक्की यथावत है।

प्रो. नाम्बा यहाँ भी अपनी सुन्दर और धीर-गम्भीर छवि के साथ उपस्थित रहीं। बहुत-सी बातें जापान और बहुत-सी बातें भारत को ले कर हुईं। भारतीय अंग्रेज़ी साहित्य का मुद्दा यहाँ भी उठा। खाना सर्व कर रही युवा जापानी लड़कियों लड़कों के बारे में पता चला कि वे अक्सर ही पार्ट टाइम कोई नौकरी कर लेते हैं। इनमें से ज़्यादातर इंजीनियरिंग आदि के विद्यार्थी हैं। जब हम लोग रेस्टोरेंट से बाहर आये तब काफ़ी रात हो चुकी थी। इतनी रात में भी दो-तीन लड़कियाँ पैदल चलती हुई कहीं जा रही थीं।

"भारत में आधी रात को लड़कियाँ इस तरह नहीं चल सकतीं?"

किसी ने कहा।

"वहाँ डर बहुत है।"

यह सच था। आधी रात को किसी लड़की का काम से घर लौटना, वह भी पैदल आसान बात नहीं थी। रात में निश्चिन्त पैदल चलने की कल्पना नहीं की जा सकती। मुझे अख़बारों में रोज़ छपती ख़बरें याद आने लगीं। क्या हमारी सड़कें लड़कियों के बेख़ौफ़ चलने के लिए नहीं बनायी गयी हैं! भय के इतने कोने हैं कि एक लड़की बाहर की दुनिया से टकराते हुए, डराये जाते हुए, लहूलुहान होते हुए बड़ी होती है। किसी की कविता याद आयी कि "डरते-डरते तुम जन्म लेना... डरते-डरते मर जाना..." यह डर केवल युवा लड़की के लिए ही नहीं, हर उम्र की स्त्री इससे पीड़ित है। काश, कि हमारा प्रिय देश भारत एक दिन ऐसा बन सके कि लड़कियाँ इतने ही निश्चिन्त भाव से आधी रात को सड़क पर निकलें और गर्व से कह सकें कि यह मेरा देश है, यहाँ मुझे क्या डर! डर तो गुनहगारों को होना चाहिए।

टोक्यो का दूसरा दिन

—जगह
टोक्यो की दूसरी सुबह
दिनांक—29.11.2018

आज 29 तारीख़ हो गयी थी यानी नौवाँ दिन था आज। कल डायरी नहीं लिख पायी। यात्रा से पहले यह निश्चय किया था कि प्रतिदिन सोने से पहले डायरी में उस दिन की ख़ास बातें नोट करती रहूँगी, लेकिन अब यह निश्चय धराशायी हो रहा था। आज श्रीमान् तानाका सान का मेल भी मुझे मिल गया था, एक समय वे भारत में जापान फाउंडेशन के डायरेक्टर हुआ करते थे। तब उन्होंने मेरा और जापान की मशहूर कवि योको तावाड़ा का संवाद आयोजित किया था। इसमें मेरी अनुवादक की भूमिका में 'साकुरा के देश में' जैसी प्रसिद्ध किताब का हिन्दी में अनुवाद करने वाली डॉ. तोमोको किकुची थीं। क़रीब दस वर्ष पहले उन्होंने मेरी कुछ कहानियों का अनुवाद भी जापानी भाषा में किया था। तानाका सान अब यहाँ ग्लोबल लिट्रेचर फाउंडेशन के डायरेक्टर हैं। वे शाम को मिलने आने वाले थे। इस बीच कथाकार काशीनाथ सिंह जी के बेटे सिद्धार्थ सिंह का मैसेज भी मिला। उन्होंने दूतावास में चाय के लिए बुलाया। भारत के प्रधानमन्त्री के आगमन की तैयारियों में वहाँ कुछ व्यस्तता भी चल रही थी।

मेरे कमरे के ठीक बग़ल वाले कमरे में प्रो. कोमात्सु थीं। उन्हें आज वापस जाना था। इस बीच उनसे आत्मीयता गहरी हो गयी थी। उन्होंने जिस तरह मेरा ख़याल रखा, वह अद्भुत था। मैं उन्हें रोक लेना चाहती थी, पर यह सही नहीं होता। इसलिए कुछ कह नहीं सकी। वे अलसुबह आयीं और 'फिर मिलते हैं' के भाव से चली गयीं। भारत लौटने पर मुझे पता चला कि उनकी माँ की तबीयत उन दिनों काफ़ी ख़राब थी, इसलिए उनका जाना ज़रूरी था। ऐसी कठिन भावनात्मक स्थिति के बीच भी वे लगातार काम करती रहीं, मेरा इतना ख़याल रखती रहीं, लगातार

मेरे साथ बनी रहीं, पर मुझे ज़रा भी भान नहीं होने दिया कि वे किसी मुश्किल भावनात्मक दौर से गुज़र रही हैं। मुझे यह सोच कर उन पर और भी प्यार उमड़ा।

सुबह-सुबह ही श्रीमान् केइसुके किकुची आ गये। कल कार्यक्रम के बाद मुझको उनका परिचय दिया गया था। कल ही उन्होंने मुझे आज के कार्यक्रम के समय से अवगत करा दिया था। आज सुबह टोक्यो के प्राचीन सेनसोजी मन्दिर (Sensoji Temple) देखने का आयोजन था। इस मन्दिर की कुछ ख़ास विशेषताएँ विश्वविख्यात हैं। एक तो यह टोक्यो का सबसे पुराना मन्दिर है। इसी के साथ लगभग दो सौ मीटर लम्बी नाकामाइज शॉपिंग स्ट्रीट (Nakamise Shpping Street) है, जिसे सदियों पुरानी शॉपिंग स्ट्रीट माना जाता है। सेनसोजी श्राइन को आसाकुसा कैनान टेम्पल (Asakusa Kannon Tample) के नाम से भी जाना जाता है। दूर से ही इसका थंडर गेट नज़र आने लगता है। ठीक सामने मन्त्रयुक्त बड़े-बड़े लगभग गोल आयताकार सुन्दर ड्रम जैसे लटके हुए हैं। ये पवित्रता और बौद्ध परम्परा के प्रतीक हैं। इन पर मन्त्र लिखे हुए हैं। इस गेट के पास ख़ूब भीड़ थी। लोग प्रार्थना भी कर रहे थे और तस्वीरें भी खिंचवा रहे थे। इसी गेट से होते हुए स्ट्रीट पर चलते बाज़ार की ख़ूबसूरती देखी जा सकती थी। बाज़ार के आख़िरी में श्राइन तक पहुँचते हैं।

श्राइन ख़ास बौद्ध आर्किटेक्चर का उन्नत स्वरूप है। यहाँ भी पाँच मंज़िलों वाला पगोड़ा मिला। कहते हैं कि यह पगोड़ा युद्ध में क्षतिग्रस्त हो गया था, जिसे सन् 1649 में फिर से रीकंस्ट्रक्ट किया गया। यह एक ख़ास बात मुझे लगी कि कोई भी इमारत जो युद्धों के कारण कभी अतीत में क्षतिग्रस्त हुई या तूफ़ान आदि ने नुकसान पहुँचाया तो उसे जापान ने अपनी ऐतिहासिक और पारम्परिक धरोहर मानते हुए अविलम्ब रीकंस्ट्रक्ट करा लिया। ऐसा दुनिया में कम ही देश करते होंगे, जो अपनी विरासत और धरोहर को ले कर इतने सचेत होंगे।

कहते हैं कि इस मन्दिर में सालभर कोई न कोई उत्सव होता रहता है। इसलिए हमेशा ही कुछ तैयारी चलती रहती है। इसका वार्षिकोत्सव भी बहुत प्रसिद्ध है। उसका वर्णन सुन कर मुझे अच्छा लगा।

हम लोग इस गेट के आगे से होते हुए बाज़ार में आये और लौटे भी इसी स्ट्रीट को पार करते हुए। यहाँ परम्परागत जापानी सामान मिलता है। ख़ूब मिठाइयाँ अलग अलग रंग और ख़ूबसूरत पैकिंग में सजी हुई थीं। खिलौने और साज श्रृंगार के सामान भी ख़ूब थे। हाथ से डुलाने वाले रंग-बिरंगे जापानी पंखे, पारम्परिक लोकल स्नैक्स, बुद्ध की अलग-अलग मुद्राओं वाली अनेक छोटी-बड़ी मूर्तियाँ...हज़ारों रंग

और सामान...पारम्परिक परिधान भी कई दुकानों पर सजे हुए थे। वे किराये पर भी मिल रहे थे और ख़रीदे भी जा सकते थे। बड़े-बड़े आदमक़द मूर्तियाँ सपरिवार इन सुन्दर रंग वाले कीमोनो को पहने सजी थीं। यहीं से मैंने, अपने प्रियजनों के लिए कुछ उपहार ख़रीदा।

बहुत-सी दुकानों में बच्चों के लिए तरह-तरह के खेल थे। बहुत से बच्चे खेल रहे थे और बहुत से अपनी बारी आने का इन्तज़ार कर रहे थे। एक खेल मछली पकड़ने का था, जो अधिकांश दुकानों का आकर्षण था। वहाँ अधिक भीड़ थी। मैं इस खेल को समझना चाहती थी।

एक जापानी खेल-मछली पकड़ कर इकट्ठा करना

यह मैंने टोक्यो के सेनसोजी टेम्पल के शापिंग स्ट्रीट में देखा। इस गलीनुमा चौड़ी सड़क के दोनों ओर बाज़ार की भरमार थी। ख़ूब गहमागहमी और भीड़ थी। जापान में मुझे पहली बार इतनी अधिक भीड़ दिखाई पड़ी। इससे पहले मुझे कासुगा ताइशा श्राइन में श्रद्धालुओं की अच्छी ख़ासी भीड़ दिखी थी। यह भीड़ उससे कहीं ज़्यादा थी, जो इस स्थान की महत्ता को प्रमाणित कर रही थी। यह जापान का प्राचीन तीर्थस्थल है।

मुझे एक साउथ कोरिया की फ़िल्म 'स्प्रिंग समर फॉल विंटर...एंड स्प्रिंग' का दृश्य याद आ रहा था, जिसमें एक बुद्धिस्ट मोनास्ट्री झील में तैर रही है। एक दरवाज़ा है जो दुनिया की तरफ खुलता है। शान्ति और पवित्रता की दुनिया प्रकृति के साथ है तो बाहर की दुनिया हलचल, अशान्ति से भरी है, जिसके सिर्फ़ प्रतीक हैं। दोनों दुनिया के बीच एक दरवाज़ा झील में तैरता हुआ। शान्ति की दुनिया में एक छोटा बच्चा है जो छोटी-छोटी मछलियाँ पकड़ कर एकट्ठा करता है। एक दिन उसे शरारत सूझती है और वह बहुत-से छोटे जलचरों मेंढ़क, मछली आदि के पाँव में छोटे-छाटे पत्थर बाँध देता है। यहाँ से फ़िल्म मनुष्य जीवन की एक प्रतीकात्मक ट्रेजडी खेलने की तरफ बढ़ती है। इस समय मुझे बच्चे का मछली पकड़ना स्मृति में कौंधा।

मेरे साथ जो श्रीमान् केइसुके किकुची थे, उन्होंने मुझे जापान के इस पुराने खेल के बारे में बताया। बहुत से बच्चे दुकानों में यह खेल खेलने में मगन थे। फिर हम लोग एक दुकान पर रुके, खेल को ठीक से समझाने के लिए श्रीमान् केइसुके जी ने खुद ही खेल कर दिखाया। बहुत-सी दुकानों के भीतर लम्बा आयताकार लकड़ी का बॉक्स रखा हुआ था। यह लकड़ी शायद पानी से ख़राब नहीं होती या इस पर कोई ख़ास पॉलिश होती है। इस बॉक्स में पानी भरा हुआ था। पानी में ढेर सारी बहुत छोटी

रंगीन मछलियाँ तैर रही थीं। बेसी पेपर का बना हुआ प्लास्टिक का छोटा-सा एक पलटा (रसोई में इस्तेमाल किया जाने वाला चमचा) जैसा हमें दिया गया। केवल तीन ही दिया गया था। यह बेसी पेपर पानी में जा कर देर तक नहीं टिकता, जल्दी ही फट जाता था। इसलिए उसकी सहायता से जल्दी-जल्दी मछलियों को पकड़ना होता था। मछलियों को पकड़-पकड़ कर दिये गये लकड़ी के एक छोटे से डब्बे में डालना होता था। श्रीमान् केइसुके जी जल्दी-जल्दी मछली पकड़ रहे थे। ऐसा लगता था कि उनका बचपन जीवित हो उठा है और वे कुछ ही देर में खेल को मगन भाव से खेलने लगे। बीच में मैंने भी तीन मछलियाँ बेसी पेपर की सहायता से पकड़ीं। किकुची जी को हैरानी हुई कि मैं इतने मन से मछलियाँ पकड़ने के खेल में शामिल हो गयी।

केइसुके जी ने जीत के लिए निर्धारित संख्या से ज़्यादा मछलियाँ पकड़ीं, इसलिए उन्हें एक हज़ार येन का इनाम भी मिला। इस इनाम का बाद में हमने अच्छा उपयोग किया। कुछ आगे जा कर गरम और कुरकुरे मीठे केक जैसे बन ख़रीदे गये। बेकरी आइटम खाने का आकर्षण जापान में बहुत कम है। इस खेल में दरअसल एक कला निहित है, जो सबको नहीं आती। एकाग्रता भी बहुत ज़रूरी है। मुझे उस रात सपने में यह खेल अपना रूप बदल कर दिखा। दिखा कि मैं समुद्र की ऊँची लहरों के बीच, छोटी-छोटी मछलियाँ बेसी पेपर की सहायता से पकड़ रही हूँ और लकड़ी के डब्बे के बजाय एक छोटे से तालाब में डाल रही हूँ। पता नहीं समुद्र की ऊँची लहरों के पास छोटा-सा तालाब कहाँ से आ गया? सपना कोई तर्क नहीं मानता। जो कहीं दबा-ढका ख़याल हो, सपने में खुल पड़ता है। इस सपने का क्या अर्थ बाँचा जाये? समझ में नहीं आया। हो सकता है मैं इस खेल को देखते वक़्त जापान के भीतर पानी की मौजूदगी और समुद्र का होना सोच रही थी और शायद यह भी सोच रही थी कि जापान में बच्चों द्वारा पानी और जल जीवों से जुड़ा खेल चुनना इसीलिए सहज होगा क्योंकि वहाँ समुद्र है, जल-ही-जल है और ऐसा ही कोई तर्क खोज रही थी। क्योंकि प्रायः नदियों से दूर, मैदानी इलाक़ों के बच्चों की दुनिया में पानी से जुड़े खेल शामिल नहीं होते। हम लोगों ने भी अपने बचपन में पानी से जुड़े खेल नहीं जाने थे।

इसी शाम को टोक्यो के दूसरे भाग से प्रो. हाइदाकी इशिदा जी भी मिलने आये। उनके साथ प्रो. सुरेश ऋतुपर्ण और उनकी पत्नी भी आये। इशिदा जी अपनी अनूदित पुस्तक ले कर आये थे। पता चला कि वे बहुत कुशल अनुवादक भी थे। उनका हृदय भारत प्रेम से भरा हुआ था। अपनी बातचीत में वे लगभग भारतीय ही लगते थे। कल के मेरे कार्यक्रम में न पहुँच पाने का उन्हें थोड़ा अफ़सोस भी था।

कुमामोटो प्रीफेक्चर की तरफ : इंजीनियरिंग और कला का संगम

–जगह
आर्क होटल कुमामोटोजो माए का एक कमरा
एकान्त का संगीत और कलम की घिस-घिस,
कुमामोटो प्रीफेक्चर, जापान
दिनांक–30.11.2018

टैक्सी में बैठते ही मुझे सुबह के इस 'होने' का ख़याल आया। मेरे सामने टोक्यो सुबह के अलहदा रूप में खिला था–रात से एकदम अलग। शहर भी अपना रूप बदल लेते हैं–रात में जगमगाते, चमचमाते, रहस्य और रोमांच से भरे। और सुबह धुले-धुले पवित्र से, दुनिया की तमाम धृष्टताओं को क्षमा करते...समाधि से अभी अभी जागे तपस्वी की भाँति...अधमुँदे नेत्रों से चमत्कृत हो निरखते अग-जग सब... टोक्यो ऐसा ही लग रहा था–रात की जगमग से अलग। सूरज की रोशनी में धुला-सा-साफ़-सुथरा, जो जापान की सड़कों की ख़ासियत भी है। पिछले तीन दिनों में जिस तरह लोग क्रॉसिंग पर दिखे थे, अभी वैसा नहीं था–शायद कुछ ही देर में काम धाम की आपा-धापी शुरू हो जायेगी और दिन अपनी सहज गति को पीछे छोड़ता एक तेज़ भागती गति में विलीन हो जायेगा। बहुत से लोग सुपर मार्केट से अपना लंच और नाश्ता ख़रीदेंगे और दिन एक ख़ास तरह की हलचल, बेचैनियों की न सुनाई पड़ने वाली आवाज़ों से भर उठेगा।

टोक्यो में दो एयरपोर्ट हैं–नारिता इंटरनेशनल एयरपोर्ट और दूसरा हानेडा इंटरनेशनल एयरपोर्ट। मुझे यहाँ से अकेले ही कुमामोटो के लिए फ्लाइट लेनी है। हालाँकि मुझे कहा गया है कि मुझे कुछ भी परेशान होने की ज़रूरत नहीं, टैक्सी ड्राइवर को सब कुछ समझा दिया गया है। वाकई टैक्सी ड्राइवर समझदार है, वह

बिना एक भी शब्द बोले एकदम सही जगह उतार देता है। डोमेस्टिक एयरपोर्ट के साथ एक और दिक़्क़त जुड़ी है, जो अन्दर जाने पर पता चलती है। सब कुछ यहाँ यन्त्रचालित है। मनुष्य रोबोट की तरह लगते हैं। चुपचाप अपना काम करते। आवाज़ के नाम पर बस मशीनों की एक हल्की ध्वनि तिरती है। यहाँ आप अपना बोर्डिंग पास ख़ुद ही निकालेंगे। पर अंग्रेज़ी में कुछ नहीं लिखा है तो यह विदेशियों के लिए ख़ासा मुश्किल है। एक एयरपोर्ट स्टॉफ से मैंने अंग्रेज़ी में पूछा कि अपना बोर्डिंग पास कैसे निकालूँ? वह लड़की सुन्दर और समझदार थी। उसने बिना कुछ बोले मेरा बोर्डिंग पास निकलवाने में मेरी मदद की। फिर अंग्रेज़ी में कहा–"आपके पास जो काग़ज़ हैं, उसे लेकर आप सीधा फ्लाइट में जा सकती हैं, उस पर बार कोड है।"

ओह, अब मुझे समझ में आया कि क्यों मुझे कहा गया था कि मुझे कुछ करना ही नहीं है। बस, एयरपोर्ट पहुँच कर फ्लाइट पकड़नी है। शायद काग़ज़ मुझे देते वक़्त जो एक्सप्लेन किया गया था, मैं उसे कुछ भूल गयी थी या मेरे मन में था कि बोर्डिंग पास तो लेना ही होगा। कोई ख़ास सिक्यूरिटी चेक इन से भी नहीं गुज़रना हुआ। सुरक्षा यहाँ यात्रियों को परेशान करने के लिए नहीं, सुरक्षित करने के लिए है। मैं सीधे फ्लाइट गेट पर पहुँच गयी। वहाँ गेट खोलने के पूर्व प्रार्थना की गयी। झुक कर ख़ास जापानी शैली में सबको नमस्कार किया गया।

जब मैं फ्लाइट गेट के सामने बैठ कर इन्तज़ार कर रही थी। मुझे प्रो. हिसाए कोमात्सु की याद आयी। उनका साथ बहुत ख़ास होता है–सौन्दर्य और ऊर्जा से भरा। टोक्यो में मिले बहुत सारे चेहरे याद आये। यह भी याद आया कि कल रात मैंने अपने पिता जी को वीडियो कॉलिंग कर अपने रहने की जगह दिखाई थी। वे एक पिता की तरह ही प्रसन्न हुए थे, ऐसे पिता, जिसकी सन्तान बहुत मेहनत कर अपने लिए प्रतिष्ठा अर्जित करती है। वे इतने प्रसन्न हुए कि अपनी कमज़ोर काया की दिक़्क़तें भूल कर आँगन में वहाँ तक चले आये थे, जहाँ नेटवर्क सही आता है। बचपन में पिता मुझे 'हीरा बेटा' कह कर बुलाते थे। बहुत समय बाद कल रात उनके मुँह से वही सम्बोधन निकला। मेरा मन उनके लिए भर आया। हालाँकि पढ़ने-लिखने के बाद मैं बेटियों के लिए इस 'बेटा' सम्बोधन को ख़ारिज करती हूँ पर पिता के पास बेटियों को बड़ा बताने का यही सम्बोधन था, जिसका अर्थ, भाव भर जाने से बदल जाता था, केवल 'पुत्र' नहीं रह जाता था।

उन्होंने अपनी बेटियों को बहादुरी और समानता के पाठ पढ़ाये, पर दुनिया में जेंडर भेद इतना गहरा है, यह उन्होंने हमें नहीं बताया, इसलिए पिता द्वारा तैयार की गयी हमारी मानसिक बुनावट ने हमें हमारी सामाजिक संरचना में विलीन नहीं होने

दिया, इसके फ़ायदे भी हुए और नुकसान भी। फ़ायदा इस तरह कि हम अपने को कभी कमज़ोर मान नहीं पाते और तर्क करने से बाज नहीं आते। निर्णय के अधिकार को अपना मान कर चलते, अपने वजूद के साथ समझौता नहीं करना चाहते। कोई हमें स्त्री होने के कारण कमतर मानता है तो हमारे अहम् को चोट पहुँचती है। कई बार इन्हीं कारणों से हमारी लड़ाइयाँ भी हो जाती हैं। नुकसान यह हुआ कि इस समाज ने इसी कारण यानी अपने वजूद के साथ जीने की ज़िद के कारण हमें बहुत तकलीफ़ पहुँचाई। सारी तकलीफ़ों के बावजूद हम आज तक समाज की अन्यायपरक और असमानता के व्यवहार को स्वीकार नहीं कर पाये, इसलिए लगातार जूझते रहना पड़ा। हमें आज भी अपने पिता की बातों पर गहरा यकीन है, जो सही है, तर्कपूर्ण है, उसे स्वीकार करना है, नहीं तो नहीं, चाहे इसी वजह से परेशानियाँ आयें। परेशानियों के कारण कोई ग़लत बात, सही नहीं सिद्ध की जा सकती।

कर्नल मिश्रा और बेटी को मैंने टोक्यो की कुछ तस्वीरें भेजीं। बेटे को अलग भेजीं, क्योंकि वह अपनी फ़ौजी ड्यूटी पर घर से बहुत दूर तैनात है। टोक्यो में बिताया समय और तमाम मुलाक़ातें भी उमड़-घुमड़ गयीं। इस तरह टोक्यो से जुड़े तमाम दृश्यों को सोचते हुए यह भी सोचा कि हर शहर का कोई हिस्सा हमारे साथ चला आता है–चुपचाप। वह पूरा छूटता नहीं, फिर जो साथ चला आता है, उसे 'बॉय' कैसे कहा जाये! मैं टोक्यो को पूरा 'बॉय' नहीं कह सकी और उसे अपने भीतर लिये दिये विमान में चढ़ गयी।

फ्लाइट गेट में घुसने से पहले एक व्यवस्थित दृश्य अच्छा लगा कि बूढ़े और गोद में बच्चों वालों को पहले ले जाया गया। वे एनाउंसमेंट के साथ आगे आ कर क्रमबद्ध खड़े हो गये थे। अपने नागरिकों की हिफाजत का यह दृश्य अपनी जगह रखता था।

कुछ और दृश्य थे, जो दिल धड़का रहे थे, जिनमें से एक था रनवे के बग़ल में फैला अगाध समुद्र। यह मनुष्य का साहस है कि उसने सागर बाँध कर, ठीक उसके बग़ल में अपने उड़ने का भी इन्तज़ाम कर डाला है। 'समुद्र पर तैरता जलपाखी-सा देश' मेरे मन में यह बिम्ब धीरे-धीरे आकार ले रहा है। क्या यह देश जलपाखी की तरह समुद्र को अपने डैनों के नीचे किये उड़ता जा रहा है, नहीं? जिसने समुद्र को जगह-जगह से रोक कर अपने मनमाफिक रास्ते बना लिये हैं–शहर बसा लिये हैं–पुल और सड़कें बना ली हैं और ये रनवे! विमान रनवे पर दौड़ रहा है और साथ-साथ लगभग रनवे से सटा समुद्र शान्त नीले रंग में चमकता साथ चला जा रहा है–सहयात्री सा...

सूरज की किरणें उस पर गिर कर फैलती थीं, लगता था नीली सतह पर सुनहरा जाल बिछा हो। कभी एक बिम्ब उभरता कि सागर ने अपनी हथेली पर एक फूल पाया हो सुनहरा, खिलता, फैलता दूर तक...सुरहनेपन का विस्तार करता...सुनहरी आभा से भरता...

मैंने कोशिश की कि इस दृश्य को तस्वीरों में जड़ दूँ, विमान की खिड़की से जो भी, जितना भी मेरी पकड़ में आये। यह विमान फूजी माउंटेन के ऊपर से उड़ान भरने वाला था। यह जापान का बेहद ख़ूबसूरत दृश्य था यानी कि एक और ख़ूबसूरत-सा पन्ना, मेरी स्मृतियों की किताब में टँक जाने वाला था...

कुछ ही देर में हमारा विमान फूजी माउंटेन के ऊपर से उड़ा। विमान के एनाउंसमेंट से यह समझ आया। 'फूजीयामा' इसे कहते हैं। 'यामा' का अर्थ जापानी भाषा में पर्वत है। यह जापान के होंशू द्वीप पर स्थित एक ज्वालामुखी भी है और सबसे ऊँचा पर्वत भी। जापान में इसे आदर से 'फूजी सान' भी कहा जाता है। प्राचीन तीर्थ का महत्त्व इसे प्राप्त है। कहते हैं कि प्राचीन समय में सबसे पहले इस पर एक अज्ञात भिक्षु चढ़ा था, इस कारण यह पवित्र स्थल है।

मैंने भी खिड़की से वह सुन्दर दृश्य देखा, जो यूँ देखने पर हिमालय की याद दिलाता है। माउंट फूजी पर इस समय बर्फ़ सिर्फ़ चोटियों पर ही है। सफ़ेद चोटियों से ढँकी नीली पर्वत श्रृंखलाएँ सूरज की रोशनी में चमक रही हैं। हिमालय को अगर आप कौसानी से देखें तो दूर तक बारहों मास बर्फ़ से ढँकी चोटियों का अप्रतिम सौन्दर्य आँखों को आश्चर्यलोक में डुबा देगा। बादल घिरते हैं चोटियों पर और तत्क्षण सूरज की किरणें उन्हें भेद जाती हैं–बर्फ़ की चमक से मानो कोई होड़ चल रही हो। ऊँचे देवदार के पेड़ अपने आप में मानो स्वागत करते से प्रतीत होते हैं। 'इधर हैं नन्दा देवी, देखिए' कोई बताता है और हम ऊँची चोटी पर स्थित नन्दा देवी के दर्शन पा जाते हैं। उत्तराखण्ड में नन्दा देवी की राजजात यात्रा बहुत प्रसिद्ध है। ऐसी कोई कहानी या किंवदन्ती माउंट फूजी के बारे में मुझे अभी पता नहीं चल पायी है। बस, एक छोटी-सी जानकारी भर है, जो भिक्षु के प्रथम बार इस पर चढ़ने के बारे में है।

नीचे फूजी माउंटेन को देख कर सहसा ही कौसानी का स्मरण हो आया। यहाँ आकर लगता है कि पन्त ऐसी ही जगह रह कर प्रकृति से एकसार हो गये होंगे, बाद में व्यर्थ ही उन्होंने भौतिक जीवन के 'परिवर्तन' में प्रवेश करने की कोशिश की। कौसानी में पन्त का घर देखा था–विशाल और पुराने पहाड़ी घरों की तरह फैला हुआ...वहाँ तक जाने का रास्ता सँकरा था, ऐसा आज कह सकते हैं, कभी

यह सँकरा नहीं लगता रहा होगा। पहाड़ में इतना रास्ता बन जाना ही बहुत रहा होगा। तो पतली गली के भीतर से होते हुए चढ़ाई पर उनका विशाल घर था, जिसे अब संग्रहालय में बदल दिया गया है। वहाँ पन्त के बचपन की बहुत-सी तस्वीरें हैं उनके परिवार के साथ। किताबों की ख़ूब बड़ी लाइब्रेरी है, जिसमें कई दुर्लभ किताबें हैं– उस समय पन्त ने बहुमूल्य किताबों से अपनी लाइब्रेरी को समृद्ध किया था। यह एक बड़ा हॉल था, जिसे लाइब्रेरी बना दिया गया था। बहुत पुराना देवदारू का ऊँचा पेड़ पन्त के घर के पीछे की तरफ और मुख्य सड़क के किनारे खड़ा स्वागत में अपनी भुजाएँ उठाये बुलाता-सा प्रतीत होता था। चीड़ और देवदारू के स्ट्रक्चर में यह बड़ा अन्तर है–चीड़ की टहनियाँ ऊपर को उठी होती हैं सुन्दर और अपने आप में मगन, जबकि देवदारू की टहनियाँ बुलाती हुई सी स्वागत मुद्रा में होती हैं। पुराने लोग कहते थे कि देखो, देवदारू पुकार रहा है। इसी वृक्ष को आचार्य हजारी प्रसाद द्विवेदी ने 'किसी सुलझे कवि के चित्त का मूर्तिमान छन्द' कहा था।

देवदारू की इस लकड़ी में कभी कीड़े नहीं लगते और न ही लम्बे समय तक पानी में भीगने पर यह ख़राब होती है। इसका स्वभाव ही सन्तों जैसा है। 'समाधिस्थ महादेव' की उपमा इसे यूँ ही नहीं मिली! अमृत वृक्ष है यह।

उसी देवदारू के प्राचीनतम पाँच पेड़ कौसानी में, जहाँ गांधी जी ठहरे थे, आज भी वहीं खड़े हैं, आज वहाँ विश्रामालय भी बन गया है और सत्संग स्थल भी।

सोचा था जैसे ही विमान लैंड करेगा, एयरपोर्ट पर वाई फाई मिल जायेगा और मेरे लिए सबसे कनेक्ट कर पाना आसान हो जायेगा। पर कोशिश करने पर भी वाई फाई कनेक्ट नहीं हो पाया। ऐसा जापान में भी हो सकता है! शायद और कुछ कोशिश की जाती तो इस समस्या से छुटकारा मिल जाता पर इसकी ज़रूरत नहीं पड़ी। जैसे ही मैं अपना समान ले कर बाहर निकली, मुझे हाथ हिलाती हुई प्रो. नाम्बा दिख गयीं। उनके साथ डॉ. सेईगुची भी थीं। प्रो. नाम्बा ख़ुद ड्राइव कर आयी थीं। सफ़र एक घण्टे का था और मौसम अच्छा, तो कोई थकान नहीं हुई थी। प्रो. नाम्बा रास्ते में मुझे कुमामोटो के सौन्दर्य, उसकी ख़ासियत के बारे में कोई न कोई जानकारी देतीं। जैसे कि यह रोड, जिससे हम जा रहे थे, एक मात्र हाईवे था। रास्ता साफ़, हरे भरे पेड़ों से घिरा और कुछ पहाड़ी-सा था। प्रकृति यहाँ अपने पूरेपन के साथ खिली बिखरी थी। मुश्किल से ही एक दो गाड़ियाँ दिखी होंगी। दोनों तरफ कम घने जंगल से दिखते थे और कहीं-कहीं कम क़द वाले पहाड़ भी। हम सीधे कुमामोटो विश्वविद्यालय पहुँचे।

विश्वविद्यालय के गेट के अन्दर घुसते ही देखा कि सड़क पीले फूलों से भर रही है—दोनों तरफ पीले फूलों के पेड़—गुलमोहर या पीले अमलतास जैसे...ऐसा रास्ता, पढ़ने और पढ़ाने वालों को कुछ ताजगी का अहसास करा देता है...कम से कम एक रस तो नहीं ही रह जाने देता...वैसे तो यह साकुरा के खिलने का समय नहीं था, पर ये पीले फूल भी अपनी उपस्थिति को नज़रअन्दाज़ नहीं होने दे रहे थे—शिक्षा के साथ प्रकृति का सान्निध्य हमें विश्वकवि रवीन्द्रनाथ टैगोर के शान्तिनिकेतन की याद दिलाता है। प्रकृति की गोद में शिक्षा का बेहद भारतीय तरीक़ा किस तरह शान्तिनिकेतन में टैगोर ने स्थापित किया, यह सोचना ही रोमांचकारी है। हालाँकि यह 'प्रकृति की गोद में शिक्षा' जैसा मामला नहीं। पर प्रकृति की उपस्थिति या कैम्पस का सौन्दर्यीकरण जैसा कुछ इसे कहा जा सकता है।

तो फूलों पर पग धरने को बचाते हम लोग प्रो. नाम्बा के मार्गदर्शन में विभाग आये, विभाग में लोगों से मिलने के बाद उस कमरे तक आये, जो पूरा का पूरा एक लाइब्रेरी जैसा था—ये प्रो. नाम्बा का कमरा था—एक तरफ उनकी टेबल और कम्प्यूटर था। यहाँ कुछ औपचारिकताएँ भी थीं। कई जगह काग़ज़ों पर मेरे हस्ताक्षर लिये जाने थे। मुझसे पहले ही पूछ लिया गया था कि मैं पहले होटल जाना चाहूँगी या विश्वविद्यालय में कुछ देर रुक कर लंच कर होटल के लिए निकलना चाहूँगी। मुझे विश्वविद्यालय की सैर करने का आइडिया ज़्यादा मनभावन लगा। सो मैं यहाँ आ गयी थी और अब डॉ. सेईगुची मुझे अनेक विषयों की किताबों को दिखाते हुए कुछ जानकारियाँ दे रही थीं। कुछ जापानी साहित्य था, जिसका अंग्रेज़ी अनुवाद भी था, कुछ हिन्दी का साहित्य भी था, जिसका जापानी अनुवाद था। कुछ विदेशी भाषा में हुए महत्त्वपूर्ण कार्य थे, जो अंग्रेज़ी और जापानी में थे। बहुत-सी किताबें ई लाइब्रेरी का हिस्सा थीं। वे सीडी, डीवीडी के रूप में थीं। जापान के इतिहास की भी कुछ ख़ास किताबें देखने को मिलीं। कुल मिला कर छोटी-सी यह लाइब्रेरी अपनी गुणवत्ता का परिचय दे रही थी। औपचारिकताएँ ख़त्म हो गयीं तो हम लंच के लिए निकले। विश्वविद्यालय की कुछ महत्त्वपूर्ण इमारतों से परिचित होते हुए—टहलते हुए, कुछ आते-जाते विद्यार्थी और शिक्षक दिखे। पर बहुत कम चहल-पहल। शान्ति अधिक थी।

लंच के लिए हम सड़क पार कर कैम्पस के दूसरे हिस्से में आये। यह भी दूर तक फैला था और हरितिमा भरपूर थी। यहाँ एक तरफ विश्वविद्यालय की कैंटीन स्थित थी। छोटी-सी सुन्दर सी कैंटीन-स्टॉफ में महिलाएँ ही अधिक दिख रही थीं। सेल्फ सर्विस थी, जैसा कि अक्सर ही विश्वविद्यालयों की कैंटीन में होता है। प्रो.

नाम्बा ने मुझसे अपने जापानी अंग्रेज़ी उच्चारण में पूछा था कि क्या मैं दूर किसी होटल में चल कर खाना पसन्द करूँगी, पर इस औपचारिकता की ज़रूरत मुझे नहीं लगी। कुमामोटो विश्वविद्यालय से शहर के होटल बहुत दूर थे, बल्कि शहर ही दूर था। बताया गया कि विश्वविद्यालय की एक कैंटीन है, जहाँ खाना खाया जा सकता है। यह ख़याल अच्छा था। कैंटीन मुझे सुन्दर लगी–बाहर से कुछ झोपड़ीनुमा डिजाइन में बनी थी। भीतर सब कुछ लकड़ी का था। अन्दर घुसते ही स्टॉफ के लोगों ने स्वागत के शब्द कहे और मैंने भी अपना अब तक का सीखा 'अरिगातो गुजाइमाशिता' कह कर उन्हें चमत्कृत किया। उन्हें फिर मेरा परिचय 'इंडियन ऑथर' कह कर दिया गया। वे लोग बहुत ख़ुश हुए और स्वागत की मुद्रा में बार-बार उन्होंने प्रसन्नता प्रकट की। हर बात में वहाँ एक शब्द सुनने को मिलता–'सीमासेन..." मतलब 'एक्सक्यूज मी'। सबसे पहले सूप मिला–पत्ता गोभी का। कैंटीन का मीनू तय था–ज़्यादा फेर बदल की सम्भावना नहीं थी। सूप अच्छा था, उसमें सोयाबीन पनीर का टुकड़ा भी पड़ा था, नमक मेरे लिए अलग से लाया गया। खाना देखने में इतना सुन्दर था कि मन मुग्ध हो जाये। पिज्जा की तरह दिखने वाला सजा-धजा व्यंजन था, अरवी जिसे हम कहते हैं, उसका कटलेट था और भी बहुत-सी शाकाहारी चीज़ें थीं, साथ में सन्तरे के टुकड़े भी थे। सभी ने शाकाहारी भोजन ही किया।

यहीं पर भोजन शुरू होने से ठीक पहले आ गयी थीं सुश्री अया दाइकुहारा। वे लगभग तेज़ चलते हुए आयीं–लगता था कहीं से समय निकाल कर आ रही हैं। सौम्य और स्मार्ट सुश्री अया से यह मेरी पहली मुलाक़ात थी। पता चला वे जापान की फॉरेन ऑफ़िसर हैं। बड़ी सहजता से वे घुल-मिल गयीं। उनका साहित्य अनुराग अनूठा था। वे मेरे लिए एकख़ास उपहार भी ले कर आयी थीं–जापान का शुभ प्रतीक दुशाला और थकी हुई आँखों को आराम देने वाला एक अनूठा पैक। उसी समय डॉ. सेईगुची ने भी अपने उपहार से मुझे चौंका दिया। वे एक बहुत ख़ूबसूरत बैग मेरे लिए लायी थीं, यह बैग इसलिए भी बहुमूल्य था कि यह उनके गाँव में हाथ से बनाया जाता था और शहर में महँगे दामों में बिकता था। दूसरी अहम् बात थी कि इसे उनकी सासू माँ ने ख़ास मेरे लिए बनाया था। मेरा मन उनकी सास को बहुत धन्यवाद देता है। उनका कौशल और सुन्दर मन दोनों उस बैग में रचे बसे थे। डॉ. सेईगुची मेरे बच्चों को शायद बहुत छोटा समझ रही होंगी तो बच्चों के लिए कुछ ड्राइंग का सामान भी सुन्दर पैक में लायी थीं। वे बहुत संवेदनशील थीं। हम आपस में जल्दी ही सहज हो गये और फिर अपने अपने क़िस्से सुनाने लगे। अया ख़ूब

अच्छी हिन्दी बोलती थीं, भारत में रही भी थीं। जापान के प्रधानमन्त्री ओबे जी के साथ परमाणु समझौते पर जो वार्ता भारत के प्रधानमन्त्री के साथ हुई थी, वे उसमें मौजूद थीं। यहाँ मस्ती में बातें करते हुए हमने कॉफ़ी पी, जबकि खाने के अविभाज्य अंग की तरह हम माचा टी पी चुके थे। मैंने अपनी कॉफ़ी में थोड़ी चीनी मिलायी। मेरे लिए हर जगह नमक और चीनी का ख़ास ख़याल रखा जाता रहा। हम भारतीयों का काम चीनी और नमक के बिना चलना थोड़ा मुश्किल है। फिर भी मैं कहूँगी कि अपने मूल स्वाद में यह भोजन स्वादिष्ट भी है और सेहतमन्द भी।

शाम को मेरा डिनर एक ख़ास तरह के पारम्परिक रेस्टोरेंट में था, जहाँ और भी लोग मुझसे मिलने आने वाले थे। तो हम लोग भोजन के बाद होटल गये, जहाँ से नहा-धो कर तैयार हो कर कुमामोटो शहर को देखने निकले। हालाँकि यहाँ भी मुझे दो विकल्प दिये गये थे–होटल में रुक कर आराम करना या फिर कुमामोटो शहर देखने निकलना। मेरी सारी समयसारिणी इस तरह कसी हुई थी कि कई नये आमन्त्रण पूरे नहीं किये जा सकते थे। इसलिए मुझे लगा कि इस कम और क़ीमती समय में, इस ख़ूबसूरत से लगने वाले शहर को उसके तमाम रंग में जानना ज़्यादा दिलचस्प विकल्प होगा। तो हम लोग निकल पड़े कुमामोटो दर्शन के लिए। गाड़ी प्रो. नाम्बा चला रही थीं। इसी बीच ओसाका से डॉ. मात्सुकिजोनो भी आ चुकी थीं, अब वे भी हमारे साथ थीं। हम लोग चहलकदमी करते हुए बाज़ार को देख रहे थे। फिर प्रो. नाम्बा के बताये मार्ग पर चलते हुए उस ख़ास दुकान पर पहुँचे, जहाँ कैलीग्राफ़ी के पेन बनाये जाते थे। यह देखना बहुत सुखद था–एक से एक सुन्दर डिजाइन वाले पेन-पुराने ज़माने के पेन और बिल्कुल नये भी–एक एक पेन की क़ीमत बीस हज़ार या पचास हज़ार...कई पेन लाखों की क़ीमत भी रखते थे–एंटिक होने के कारण भी इनकी क़ीमत भारी थी। पुराने दस्तावेज़ भी थे, जो उत्तम कैलीग्राफ़ी के लिए प्रसिद्ध थे। यह दुकान कैलीग्राफ़ी का एक संग्रहालय जैसी थी। मुझे याद आया कि क्योटो में हम लोग मन्दिर के साथ लगे संग्रहालय को जब देख रहे थे तो वहाँ एक ऐसा हॉल भी था, जहाँ लोग अपनी मन्नत माँगने के लिए जाते, ध्यानमग्न ज़मीन पर बैठते, वहाँ एक-दो मेज़ें भी रखी थीं, कुछ लोग उन मेज़ों पर झुक कर कैलीग्राफ़ी पेन से कुछ लिखते और कुछ लोग ज़मीन पर बैठे-बैठे लिखते और काग़ज़ वहीं रख देते। वहाँ कैलीग्राफ़ी पेन और काग़ज़ रखे हुए थे, लोग वहीं से पेन उठाते, वहीं लिखते और वहीं चढ़ा देते। यह दृश्य रोचक था और हमें अपने से जोड़ता था। मुझे इतनी दिलचस्पी से देखते देख कर मिस्टर दायिकी ने मुझसे पूछा था–'आप भी कुछ लिखना चाहेंगी मैम।'

'नहीं। मेरा काम तो ऐसे ही चल रहा है।' और मैंने प्राचीन पाण्डुलिपियों की लिपिकारी को देखा सराहा। यह कला का एक अलग रूप है और अद्भुत तरीक़े से मनुष्य की चित्रकारी को लिपि के साथ जोड़ कर नया आयाम देता है। कला के लिए आदर अपने आप जन्म लेता है। बहुत से लोगों ने भारत में भी कैलीग्राफ़ी से लिखना सीखा है या सीखना चाहते हैं।

कुमामोटो प्रीफेक्चर एक ख़ूबसूरत शहर है। इसके बाज़ार को देख कर कुछ कुछ मसूरी के बाज़ार की याद आती है। लेकिन अधिक याद अलांग, अरुणाचल प्रदेश के बाज़ार की आ सकती है। जिन्होंने अलांग का बाज़ार देखा है वे जानते हैं कि हिन्दुस्तान में सबसे पहले फैशन अलांग में उतरता है। इतना आधुनिक और पहाड़ी शहर! चीन से अलांग की सीमा लगी हुई है। यह एक कारण भी है कि दुनिया का सबसे नया सामान पहले अलांग पहुँचता है, बाद में कहीं और। इसके पीछे कुछ और स्रोत भी होंगे ही। सारे ब्रांड्स यहाँ मिल जाते हैं, वह भी सस्ते में। इसके ऊपर के कुछ इलाक़ों में सन् 1962 का भारत-चीन युद्ध लड़ा गया था। वे बहुत बीहड़ और पहाड़ी चढ़ाई की दृष्टि से कठिन इलाक़े हैं। अलांग का महत्त्व हमारी सीमा पर स्थित होने के कारण भी है। यहाँ के लोगों ने प्रकृति के साथ-साथ मानव सभ्यता की कठिनाइयाँ भी झेली हैं। यहाँ सब कुछ व्यवस्थित लगता है। सेना की मौजूदगी के कारण भी ऐसा हो सकता है।

अलांग की याद से निकल कर देखा कि सड़क पर एक किनारे एक बड़ी-सी वैन रुकी है और वह रंगीन बुढ़िया के बाल जैसी मिठाई बना रही है। उसके इर्द-गिर्द थोड़ी भीड़ है। लोग मिठाई ख़रीद रहे हैं। मैं रुक कर देखने लगती हूँ तो पता चलता है कि यह पुराना तरीक़ा है, जो अब नयी तरह की मशीन से हो रहा है। यह एक तरह की मिठाई है, जिसे बच्चे ख़ूब पसन्द करते हैं। यह वैन चलती हुई चौराहों पर या किसी ख़ास जगह पर रुकती है, फिर आगे बढ़ जाती है। यह अनुभव ख़ासा दिलचस्प था। मेरे साथ के लोगों को यह अच्छा लग रहा था कि मेरी दिलचस्पी जापान को उसकी परम्पराओं और लोक व्यवहार के साथ जानने में है।

मैंने उन्हें बताया कि कैसे पहले हमारे मोहल्लों में, गलियों में 'बुढ़िया के बाल' मिठाई बनाने वाला एक ठेले पर अपनी साधारण-सी मशीन, जिसके साथ किसी जुगाड़ से बैटरी और तार फिट की गयी होती थी, ले कर आया करता था। तमाम बच्चे अपने घरों से चीनी ले कर आते थे। वह चीनी मशीन में डालता और हमारी आँखों के सामने चीनी रुई के फाहे में बदलती जाती। हम लोग भी कई बार चीनी ले कर जाते और उसे रुई के फाहे में बदलवा कर ले आते। यह हमारे लिए जादुई

मिठाई थी–इसके साथ गलियों, मोहल्लों का सामाजिक जीवन जुड़ा हुआ था। मिठाई बनाने वाला सिर्फ़ बनवाई के पैसे लेता, जो बहुत कम होता। इस तरह कम ख़र्च में बच्चे मिठाई का शौक़ पूरा कर लेते। अब इस तरह का चलन ख़त्म हो चुका है। अब मेले में, पार्कों में या रविवारीय बाज़ारों में, लकड़ी के बम्बे में खोंस कर 'रुई के फाहे' जैसी गुलाबी मिठाई लिए बेचने वाले दिख जायेंगे। पर वे बहुत महँगे हैं और प्रायः ग्रामीण बच्चों की पहुँच के बाहर भी। इसलिए यहाँ भी कुछ उसी तरह मशीन से मिठाई बना देने की कला देख कर मुझे अच्छा लगा।

यहीं मुझे याद आया कि टोक्यो की शॉपिंग स्ट्रीट के पास मैंने रिक्शा देखा था। यह सुन्दर-सा शाही रिक्शा था, जिस पर टूरिस्ट बैठ कर फ़ोटो खिंचवाते और रिक्शे वाला, रिक्शे के आगे का हैंडल अपने कन्धे पर रख कर कुछ दूर तक दौड़ता हुआ चलता। उसे देख कर हैरानी हुई कि क्या कभी जापान में रिक्शा भी था? पता चला कि नहीं, जापान में रिक्शा नहीं था। यह रिक्शा भारत के कोलकाता से लाया गया था, किसी ज़माने में जब आदमी पैदल दौड़ता हुआ रिक्शे पर सवारी ढोता था। मैंने कहा–'यह अमानवीय था। अब ख़त्म हो चुका है। अब रिक्शे साइकिल की तरह चलाये जा रहे हैं, बल्कि दिल्ली में तो ई रिक्शा आ गया है, जिसमें हल्के वज़न की मोटर लगी हुई है।' फिर भी क्षणभर के लिए ही सही मुझे अपने इस पुराने इतिहास की झलक पा कर मनुष्य की क्रूरता और अमानवीयता पर दुःख हुआ।

आज भी मनुष्य इससे बाहर कहाँ है?

यहाँ दो रिक्शे हैं और दोनों पर लगातार बैठने वाले देशी-विदेशी यात्रियों की लाइन लगी हुई है। दुकान का आदमी लगातार या तो फ़ोटो खींचता है या कन्धे पर रिक्शा लाद कर दौड़ता है।

जिनके पास पैसा होगा, वे हमेशा पैसाविहीन को रिक्शे में जोतेंगे!

चाहे मनोरंजन के नाम पर, चाहे सवारी की आवश्यकता के नाम पर!

ऐसी कई चीज़ें होती हैं, जो अचानक हमारे सामने अतीत का दुःखद प्रसंग खोल देती हैं!

इतिहास की असंगतियों, अन्यायों, क्रूरताओं के पाठ खुल-खुल पड़ते हैं!

तब हमें मुँह छिपा ले जाने का कोई ठौर नहीं मिलता!

कहते हैं कि इतिहास अपने आप को दुहराता है।

क्योंकि हम उससे कोई सबक लेना नहीं चाहते।

जो सबक लेते हैं, उनका इतिहास आगे बढ़ जाता है।

दुहराव आगे बढ़ना नहीं है।

दुहराव, ठहराव के समानान्तर चलती राह है...

इसी के बाद हम उस दुकान तक पहुँचे, जहाँ एक बहुत प्यारी-सी लड़की खड़ी थी। शायद दुकान की सेल्सगर्ल थी। वह इतनी ताजगी से भरी थी कि उसे देख कर मन में प्रसन्नता का भाव अपने आप जगता था। मेरे साथ के लोगों ने बताया कि यह कुमामोटो की ख़ास दुकान है–यहाँ से कुछ ख़रीदा जा सकता है। उसके पास स्वेटर, कोट, पुलोवर, टोपियाँ आदि जाड़े का सामान था–ज़्यादातर चीज़ें हैंडमेड थीं। उस लड़की को मेरा परिचय 'इंडियन ऑथर' कह कर दिया गया। लड़की ख़ुशी से उछल पड़ी। चूँकि मैं जापान की मेहमान हूँ, इसलिए उसने झुक कर मुझे फिर से सलाम किया जापानी शैली में और पूछा–"आपने जो शॉल ली है, क्या वह ख़ास शैली की है?"

मैंने उस समय कश्मीरी कढ़ाई वाली पश्मीना शॉल ओढ़ी थी। मैंने शॉल उसे अच्छी तरह देखने को दी और कश्मीर के बारे में, वहाँ की कारीगरी के बारे में बताया।

"आप कश्मीर से हैं?" उसका दूसरा सवाल था।

"नहीं, पर मैं अपने देश के हर भूभाग को बहुत पसन्द करती हूँ क्योंकि हर भूभाग विशेष है। हर भूभाग के पास कुछ ऐसा ख़ास है, जो दूसरों के पास नहीं। लखनऊ का चिकन वर्क ख़ास है उत्तर प्रदेश के लिए..."

मेरे इतना कहते ही कुछ लोगों को लखनऊ की चिकनकारी याद आ गयी। राजस्थान की क़लमकारी और गुजरात की गुर्जरी शैली की बात भी उठी। लड़की बहुत कुछ जानने की जिज्ञासा से भरी हुई थी। वह अंग्रेज़ी नहीं जानती थी, इसलिए जो कुछ भी मैं कहती, उसे ट्रांसलेट कर दिया जाता। फिर तो लड़की ने अपनी दुकान का ख़ज़ाना खोल दिया–बहुत सारी सुन्दर वस्तुएँ। मैंने एक ओवरकोट ख़रीदा। यह बहुत हल्का था, जैसा मैं वर्षों से चाहती थी–एकदम हल्का पर गरम कोट। लड़की चाहती थी कि मैं उसकी दुकान का अधिकतम सामान ख़रीद लूँ। पर यह सम्भव नहीं था। इतने सारे सामान की ज़रूरत भी नहीं थी। उसकी इच्छा, स्वागत और बिज़नेस में ऐसी बारीक रुचि मुझे अच्छी लग रही थी।

इसी बीच डॉ. हिसाको मात्सुकिजोनो ने एक स्कर्ट पसन्द किया, यह स्कर्ट उन पर जँच रही थी पर न जाने क्यों उन्होंने ख़रीदा नहीं। यह तो दूसरे दिन उन्होंने हम सबको चौंका दिया, जब वे वही स्कर्ट पहन कर आयीं।

इस घूमने में किताबों का पुराने तरीक़े और नये तरीक़े का बाज़ार कैसे छूट

सकता था। सो, हम किताबों की बहुत पुरानी दुकानों में पहुँचे–उनकी धज देखने लायक थी। वे एक लाइन से दूर तक फैली हुई थीं, सिर्फ़ किताबों की दुनिया! लकड़ी की साज-सज्जा से सुसज्जित-लकड़ी की प्रकृति से महमह...

'मरेंगे हम किताबों पर, वरक होगा कफ़न अपना...'

मन में हरजीत सिंह का शेर गूँजा–

"हमने चाहा कि जंगलों में फिरें
और लकड़ी की दुकानों में रहे।
मन की आवारगी भी चलती रही
और रहने को ठिकानों में रहे।..."

दुकानें लकड़ी की थीं। किताबों को लिये-दिये खड़े सारे रैक लकड़ी के थे और जापानी साहित्य की बहुत-सी किताबें छू कर देखने का आनन्द था। कुछ अंग्रेज़ी अनुवाद थे। हिन्दी अनुवाद नहीं थे। हिन्दी का जापानी में अनुवाद भी नहीं दिखा। अभी साहित्य के अनुवाद की ये स्थितियाँ कम हैं। मुझे 'मांगा' के बारे में कुछ जानकारी थी। यह जापान की कार्टून पत्रिकाएँ होती हैं, जिसे 'मांगा' कहते हैं। 'मांगा' जापान में बच्चों के बीच बहुत लोकप्रिय हैं। वे लोग उत्साहित हुए कि मुझे 'मांगा' के बारे में कुछ पता है। उत्साहपूर्वक बहुत-सी बाल पत्रिकाएँ दिखाई गयीं। बच्चों के लिए यहाँ ख़ूब साहित्य था, इसका अनुमान मुझे हो रहा था। 'मांगा' कार्टून पात्रों में से कई मेरे पहचाने हुए थे, ख़ास कर इंस्पेक्टर कोचिकामे, डोरेमोन...। मैंने यहाँ से 'मांगा' ख़रीदा, जो एक धरोहर की तरह था और जिसे मैं अपनी छोटी बहन के बच्चों को देना चाहती थी। कुछ 'मांगा' ऐसे भी थे, जिनके साथ अंग्रेज़ी अनुवाद भी था, पर ऐसा कम था, ज़्यादातर जापानी में ही थे।

किताबों की दुकानों में एक अलग तरह की ख़ुशबू बसी होती है, तिस पर दुकानें लकड़ी की हों तो वे अपनी किताबी ख़ुशबू में लकड़ी की सुगन्ध भी समा लेती हैं, फिर उनमें एक नायाब ख़ुशबू भर उठती है–थोड़ी किताबों की, थोड़ी लकड़ी की, कुछ मिट्टी की, कुछ पुरानेपन की–पता नहीं ये ख़ुशबू हमारे डीएनए में कब से बसी हुई है–जब से प्रकृति ने हमें पैदा किया, शायद तभी से...

मिट्टी से मिट्टी का एक सम्बन्ध ऐसा भी...
किताबें, जो हमसे बतियाना चाहती हैं...
भाषा की दीवार ढहा कर हमारी अन्तरंग हो जाना चाहती हैं...
इतनी आत्मीय और अपनी!

लगता ही नहीं कि वे सात समन्दर पार हमसे मिल रही हैं!

इतनी सुन्दर अनुभति लिये हम लकड़ी वाली किताबों की दुकानों से बाहर, मुख्य बाज़ार की तरफ आये। मौसम में ठण्ड थी पर हवा इतनी तेज़ नहीं थी, जितनी कि प्राय: होती रही थी। हम लोग बतियाते पैदल चलते उस शाही दुकान तक आये, जहाँ कीमोनो (जापानी पारम्परिक परिधान) मिलते थे। इतने सुन्दर और अलग अलग डिजाइन से आकर्षित करने वाले कीमानो। यहाँ आ कर पता चला कि कभी राजा के लिए विशेष कीमोनो जाया करते थे या शायद इस दुकान से जाते रहे हैं। किसी-किसी कीमोनो की क़ीमत एक लाख से ऊपर थी। रेशमी और सुनहरी कढ़ाई वाले कीमोनो काफ़ी महँगे थे। इनके साथ पारम्परिक तरीक़े के हाथ में टाँगने वाले छोटे पर्स और लकड़ी की चप्पलें भी थीं। दुकान की मालकिन एक वृद्ध महिला थीं। वे भारत के लेखक के साथ अपना फ़ोटो चाहती थीं। सभी का मन था कि मैं एक कीमोनो पहन कर देखूँ। कीमोनो पहनना अभ्यास का मामला हो सकता था और इसे पहनना एक कलात्मक क्रिया भी थी। कहने का तात्पर्य यह एक आसान काम नहीं था। देखने में सुन्दर और कलात्मकता से भरपूर वस्त्र ज़रूरी नहीं कि पहनने में सरल हों। शायद यही वजह रही होगी कि जापान के विकास के साथ स्त्रियों ने परम्परागत परिधान पहनने से अपने को लगभग मुक्त कर लिया। कीमोनो की लम्बी सुन्दर बाँहें देखने वाले का मन मोह सकती हैं पर भाग-दौड़ का काम करने वाले के लिए मुश्किल खड़ी कर सकती हैं। आज की भागती ज़िन्दगी के अनुकूल परिधान ही चल सकते हैं। साड़ी के साथ कठिनाई होते हुए भी उसे पूरी तरह छोड़ पाना सम्भव नहीं। कई स्कूलों, कॉलेजों, संस्थानों में आज भी यह औपचारिक और अनिवार्य ड्रेस कोड है। उसके साथ कई प्रयोग भी किये गये यानी कि अलग-अलग इलाक़ों में काम के अनुसार साड़ी बाँधने का तरीक़ा बदलता रहा है। महाराष्ट्र में पैठनी साड़ी इसी तरह का परिधान बनता है। काम के दौरान कमर में साड़ी के पल्ले को कसा जा सकता है या पल्ले को कमर पर खोंस कर महिलाएँ खेतों में काम करती हैं। फिर भी आज की दौड़ती-भागती ज़िन्दगी में साड़ी एक सरल परिधान नहीं कहा जा सकता। स्कूटर चलाना हो तो मुश्किल, एक बार मेरी साड़ी का पल्ला स्कूटर के पहिये में लिपटते-लिपटते रह गया और मुश्किल से जान बची थी। कॉलेज के सांस्कृतिक कार्यक्रम में जाना था और साड़ी पहनना अनिवार्य था। साड़ी पहन कर ड्राइव करना आसान नहीं है। बहुत से कामों में रुकावट की तरह है–दौड़ना तो सम्भव ही नहीं। परम्परागत परिधानों का महत्त्व सिर्फ़ सांस्कृतिक धरोहर तक ही ठीक है। यह सब सोच गयी पर यह जो सामने कीमोनो जैसा परिधान है, उसे देख

कर कहा जा सकता है कि जिन स्त्रियों ने अपने लिए, इतिहास के जिस हिस्से में इसे बनाया होगा, उनमें गहरी रचनात्मकता ज़रूर रही होगी। सौन्दर्य और कल्पना की उड़ानें इस परिधान में शामिल मिलेंगी।

यहाँ से हम उस बड़े बुक स्टोर तक आये, जिसका नाम नागासाकी बुक स्टोर था और जहाँ कल कार्यक्रम होना था। दरअसल हमें आज यहाँ तक आना नहीं था, पर यह रास्ते में हमसे टकरा गया। यह तीन मंज़िला वृहद् बुकस्टोर था–जितना बड़ा, उतना ही शानदार। हालाँकि लकड़ी वाली दुकानों की बात ही कुछ और थी, उनमें पेड़ों के पुरानेपन की ख़ुशबू मिली हुई थी। इस बड़े बुकस्टोर के भीतर किताब से सम्बन्धित सारी चीज़ें उपलब्ध थीं। यहाँ तक कि आप अपनी कॉफ़ी भी ख़रीद सकते थे और पीते हुए पढ़ सकते थे। 'रीडिंग' की सुविधा भी थी और स्टेशनरी से जुड़ी लगभग सारी चीज़ें भी ख़रीदने के लिए उपलब्ध। ऊपरी मंज़िल पर कल्चरल सेंटर था, जो एक बड़ा हॉल था, जहाँ शहर के बड़े वैचारिक साहित्यिक आयोजन हुआ करते थे। इस बुकस्टोर को हमने आज बाहर से ही देखा। कल कार्यक्रम के बाद भीतर से इसको जाना जायेगा।

कुमामोटो के प्राकृतिक सौन्दर्य का आनन्द उठाते हुए हम लोग उस रेस्टोरेंट में आये जो ख़ासा आधुनिक किन्तु साज-सज्जा में परम्परागत था। नीचे बैठने की शैली जापानी थी और सामने लगा टेबल थोड़ा-सा ही ऊँचा था। यहाँ मुझसे मिलने कुछ और लोग आ चुके थे। बातचीत शुरू हुई और उनकी अनेक जिज्ञासाओं, प्रश्नों का मैंने यथासम्भव उत्तर दिया। यहाँ बात करते हुए एक बार फिर यह बात उठी कि 'जापान में अधिकांश युवा लड़कियाँ शादी नहीं करना चाहतीं, बच्चे नहीं पैदा करना चाहतीं। कॅरियर एक बड़ी चीज़ है उनकी ज़िन्दगी में और कॅरियर को पिछली पीढ़ियों की तरह सेक्रिफाइज करने के लिए अब नयी जनरेशन तैयार नहीं है। शादी करना और बच्चे पालना एक कठिन काम है। उसमें सबसे ज़्यादा समय और ऊर्जा लग जाती है।' मुझे ऐसा लगा कि जो बात अभी हमारे यहाँ महानगरों में पनप रही है, वह यहाँ चिन्ता का गम्भीर विषय बन चुकी है। लगभग ऐसी ही चिन्ता टोक्यो में भी देखने को मिली थी। इसकी गम्भीरता को समझना होगा। स्त्री नहीं, बच्चे नहीं, तो जीवन का आगे बढ़ना रुक जायेगा। विवाह का कोई विकल्प अब तक तलाशा नहीं जा सका और जाहिर है कि विवाह पूरी दुनिया में एक सराहनीय संस्था के रूप में आज नहीं रह गया है। वह स्त्रियों के शोषण की एक बारीक और उतनी ही मज़बूत नींव है। ग़ुलामी का ऐसा तार्किक और भावनात्मक

प्रयोग आश्चर्य में डालता है–एक ऐसी मानसिक ग़ुलामी, जिसे ग़ुलाम ही नहीं समझ पाता! बाल्ज़ॉक के एक कथन का प्रयोग मैंने अपनी कहानी 'भय' में किया था–"पत्नियों से नौकर जैसा व्यवहार करो और उन्हें समझा कर रखो कि वे महारानी हैं।" विवाह के भीतर छिपा यह मूल, जब तक कोई बराबरी का बाना नहीं धारण करता, इसमें प्रवेश करना नयी पीढ़ी के लिए भयभीत करने वाला ही होगा। नयी पीढ़ी, जो पढ़ी-लिखी है, आर्थिक रूप से आत्मनिर्भर है, घर बाहर की तमाम ज़िम्मेदारियों को निडरता से उठा रही है, वह विवाह के कसे हुए बँधनों में साँस लेना मुश्किल पायेगी। यह हमारे यहाँ अलग-अलग तरह से सिर उठा ही रहा है। शहरों में लड़कियों के शादी करने की उम्र अब 18 नहीं रह गयी, यह 25 से बढ़ कर 30 तक जा पहुँची है। परन्तु छोटे शहरों, क़स्बों और गाँवों में ढाक के वही तीन पात!

हो सकता है, विकसित देशों में एक समय ऐसा भी आये, जब बच्चा पैदा करने वाली स्त्री को महान माना जाये, क्योंकि यह एक 'रेयर' काम हो जायेगा। परन्तु भारत के लिए ऐसा कभी नहीं सोचा जा सकता। पितृसत्तात्मकता के साथ-साथ यहाँ सामन्तवादी प्रवृत्ति भी पूरी मजबूती से डटी हुई है। 'कन्या भ्रूणहत्या', 'बहू दहन', 'मोल की बहू', 'इज़्ज़त के लिए हत्या' जैसे तमाम दृश्य आज के भारत का सच बने हुए हैं।

भोजन के दौरान बातचीत के बीच फॉरेन ऑफ़िसर अया दाइकुहारा ने अपनी शादी की तस्वीरें दिखाईं और लोगों ने भी कुछ क़िस्से सुनाये। यहाँ प्रोफ़ेसर हिरोको फुरूटा भी हमारे साथ थीं। फूलों की तरह सजा हुआ ख़ास जापानी खाना आया। मेरे साथ सभी ने यहाँ पर भी शाकाहारी भोजन लिया। सूप भी शाकाहरी लिया गया। यह अतिरिक्त सम्मान था, जो उन लोगों ने मेरे लिए प्रकट किया।

यहाँ ख़ास जापानी वाइन, जो 'राइस वाइन' कहलाती है, चावल से तैयार की जाती है, जापानी स्टाइल में पी गयी। पता चला कि जापान में शराब पीने का तरीक़ा भी कुछ हायरार्की लिये हुए है यानी इसमें भी छोटे-बड़े का ध्यान रखा गया है। चीयर्स करते समय जूनियर अपना प्याला, सीनियर के प्याले से थोड़ा नीचे रखता है। इस पर कुछ लोगों ने अपना प्याला ऊपर नीचे कर दिखाया। खाने के साथ हमेशा ही माचा टी रहती है। यह इम्यूनिटी को बढ़ाती है साथ ही तरोताजा भी कर देती है। इतने दिनों में मुझे माचा टी का स्वाद पसन्द आ गया है, बल्कि कहूँ कि माचा हर्बल टी आदत में शामिल जैसा लगने लगा है। चाय के नुकसानदेह तत्त्व भी इसमें नहीं

हैं। पूर्व में सभी जगह मनुष्यों ने प्रकृति के साथ तालमेल बैठा कर अपना खान-पान तैयार किया होगा। अपने स्वास्थ्य को उसमें शामिल किया होगा। किन्तु विकास के तीव्र रथ ने प्रकृति को पीछे ढकेल दिया...

मनुष्य ने विकास के साथ-साथ विनाश भी रचा...

खाने के बाद सबके चलने का समय आया। अचानक ही प्रो. नाम्बा, जिन्हें ड्राइव कर मुझे मेरे होटल तक छोड़ना था, चिन्ता में पड़ गयीं। चिन्ता थी कि उन्होंने चूँकि शराब पी ली थी, इसलिए अब ड्राइव नहीं कर सकतीं! किसी को उनकी इस बात पर हैरत नहीं थी, बाक़ी लोगों को ड्राइव करके नहीं जाना था। किसी को कैब से, तो किसी को मेट्रो से जाना था। कोई इतनी शराब भी नहीं पी गयी थी! बड़े अनुशासन से छोटे से वाइन ग्लास में केवल एक पैग जितनी ही वाइन सबने लिया था। हिन्दुस्तान में ऐसा कौन सोच सकता है! इतना पीना तो प्राय: पीना भी नहीं माना जाता। वैसे जापान में भी पियक्कड़ होते हैं। मुझे क्योटो जाते समय मेट्रो स्टेशन पर दायिकी ने इस बारे में बताया था कि कहीं वे पी कर ट्रैक पर गिर न जायें, इसलिए उनकी सेफ्टी के लिए मेट्रो ट्रैक के किनारे वॉल बनी है। मुझे यह याद तो आया पर अनुशासन का जो दृश्य मेरे सामने था वह इस बात पर यकीन नहीं होने देता था कि जापान में भी पियक्कड़ होंगे। हो सकता है कि कठोर श्रम के बाद इस तरह की स्थितियाँ घटित होती हों। प्रो. नाम्बा ने ड्राइवर सुविधा पर कॉल कर अपनी गाड़ी के लिए ड्राइवर बुक किया। ड्राइवर को आने में अभी कुछ मिनटों का समय था। सभी लोग रेस्टोरेंट से निकल कर सड़क के किनारे आ गये थे। सड़क शान्त थी केवल हम लोग ही बातें किये जा रहे थे।

"क्या यहाँ सड़क पर इस तरह की चेकिंग होती है?"

"नहीं, इसकी ज़रूरत नहीं पड़ती। लोग ख़ुद ही ध्यान रखते हैं। पर अगर कभी चेकिंग हो जाये तो बहुत बेइज़्ज़ती होगी। एक शिक्षक पी कर ड्राइव कर रहा हो, यह अनैतिक है। प्रोफ़ेसर की छवि का भी सवाल है।"

प्रो. नाम्बा की यह बात बिल्कुल ठीक थी।

मुझे हैरानी हो रही थी कि मैं एक ऐसे देश से आती थी जहाँ पितृसत्ता और सामन्तवाद मिल कर पुरुष का ऐसा व्यवहार तैयार करते हैं कि इतना-सा पीने वाला अमीर हो या ग़रीब किसी नियम के अनुसार अपनी गाड़ी के लिए ड्राइवर बुलाने की सोच भी नहीं सकता! टैक्सी वाले अक्सर पी कर बेहिचक गाड़ी चला लेते हैं और अनेक दुर्घटनाओं की ख़बर से आक्रान्त करते हैं। युवा भी इसी तरह की मानसिकता

के शिकार हैं। वह भी ख़ूब पी कर गाड़ी चलाना शान की बात मानने लगे हैं। ऐसी अनेक झूठी शान हम अपने समाज में सहज पहचान सकते हैं। दूसरे हिन्दुस्तान में ऐसी सुविधा भी नहीं है कि ऐसी स्थिति में ड्राइवर बुलाया जा सके। अब कुछ बड़े शहरों में ड्राइवर बुलाने की सुविधा वाले 'एप' शुरू हुए हैं। पर छोटे शहरों, क़स्बों का हाल अभी भी वैसा ही है। महानगरों में ऐसी सुविधा हो जाने के बावजूदी ख़ूब पीये हुए लोग, विशेष रूप से पुरुष अपने को तुर्रमख़ाँ ही समझते हैं और अगर गाड़ी में बैठने वाला उनका कोई शुभचिन्तक या पत्नी उन्हें गाड़ी चलाने से रोकने की कोशिश करे तो वह, उस वक़्त उन्हें दुश्मन नज़र आता है। न अपनी सुरक्षा की परवाह, न परिवार की सुरक्षा की, न ही सड़क पर चलते लोगों की। तमाम सड़क हादसों का कारण 'नशा कर ड्राइव करना' रहा है।

ड्राइवर आ गया और हम प्रो. नाम्बा के साथ निकल पड़े। अया दाइकुहारा और अन्य साथी अलग-अलग दिशाओं में चल पड़े। सेइगुची, मैं और प्रो. नाम्बा...एक समूचा दिन साथ में समेटे जापान की सड़कों पर...ऐसी सड़कें, जो कभी उनींदी नहीं होतीं...

कुमामोटो का शाही महल

—जगह
खिड़कियाँ खटखटाता नये दिन का सूरज,
कुमामोटो प्रीफेक्चर, जापान
दिनांक–01.12.2018

कुमामोटो प्रीफेक्चर जापान के क्यूशु (Kyushu) आइलैंड में अपनी प्राकृतिक शान से इतराता मानो सजा-धजा स्थित है। कुमामोटो शहर इस राज्य की राजधानी है। कहते हैं कि कभी यह हिगो प्राविंस (Higo Province) कहलाता था। मेजी का शासन काल जापान का एक महत्त्वपूर्ण दौर है। उस समय इस शहर का पुनर्निर्माण किया गया और यह कुमामोटो नाम से प्रसिद्ध हुआ। यहाँ बहुत से जीवित ज्वालामुखी हैं। ये ज्वालामुखी उत्तरी कुमामोटो प्रीफेक्चर की तरफ पाये जाते हैं। 14 अप्रैल 2016 को आये भूकम्प ने कुमामोटो के इस शाही महल को काफ़ी नुकसान पहुँचाया था। इसलिए इस महल में मरम्मत का काम चल रहा था। इसी कारण कई जगह से यह बन्द भी था। महल के अन्दर नहीं जाया जा सकता था। उसकी बेस दीवार को जो नुकसान हुआ था, वह साक्षात् दिखाई पड़ रहा था, एक ओर से ईंटें ढहती हुई दिख रही थीं। जापान से लौटने के बाद मैंने सुना कि इसकी मरम्मत का काम पूरा हो गया है।

सुबह-सुबह अया और प्रो. नाम्बा आ गयी थीं। उन्होंने स्पोर्ट जूते पहने हुए थे क्योंकि महल थोड़ी चढ़ाई पर था। हम लोग महल देखने निकल पड़े। सुबह के सुहाने मौसम में चलना बड़ा सुखद था। बादल आज टिक नहीं पाते थे, हवाएँ उन्हें उड़ा ले जाती थीं। महल दूर नहीं था, पास ही था, इतना पास कि उसकी उपस्थिति का आभास होता था। ऊँचाई के कारण उसका ऊपरी हिस्सा दिखाई पड़ता था। वहाँ तक पैदल आराम से जाया जा सकता था। उसकी ऊँचाई लगभग तीस मीटर

बतायी गयी। हम महल में पहुँचे तो जैसा कि अन्दाज़ा था ही, निर्माण कार्य चल रहा था सो महल को अन्दर से देखना सम्भव नहीं हो सका। उसके एकदम नज़दीक जाना भी सम्भव नहीं था। उसके किनारे कँटीदार तारों से घेर कर आवाजाही रोक दी गयी थी। कुछ लोग काम कर रहे थे। जगह-जगह 'प्रवेश निषेध' के साथ बोर्ड लगे थे। तब भी हम महल के किनारे-किनारे चलते हुए महल का सौन्दर्य निहारते रहे। महल लगभग डेढ़ किलोमीटर में फैला हुआ था या शायद इससे कुछ ज़्यादा। जापान की ख़ास शैली का आर्किटेक्चर था और कर्वड स्टोन वॉल थीं, जो मुशा गायशी (Musha–Gaeshi) कहलाती हैं। महल अपने आपमें शाही शानो-शौकत के प्रतीक होते हैं। वे उस ख़ास समय की कलात्मकता और सुरुचि का बयान करते हैं, साथ ही राजाओं के ऐश्वर्य और भोग-विलास की कुछ परतें भी उधेड़ देते हैं। महलों के साथ उनके इतिहास की जिज्ञासा सहज जुड़ी चीज़ है। हमने भी महल के इतिहास को कुछ जानने की कोशिश की। ऐतिहासिक जानकारियों की कुछ तस्वीरें भी ली गयीं। एक नयी जानकारी यह पता चली कि महल के साथ जो मीलों तक फैला हुआ बाग़ीचा दिख रहा था, वह पहले नहीं था। पहले यहाँ सरकारी दफ़्तर हुआ करते थे। महल की सुरक्षा, सौन्दर्यीकरण और यात्रियों की सुविधा को ध्यान में रखते हुए कुछ साल पहले सरकार ने सारे दफ़्तर कहीं और शिफ़्ट कर दिये और दफ़्तर की इमारतें ढहा कर समतल मैदान बना दिया गया। अब यह मैदान किले की भव्यता को बढ़ाने वाला बन गया है।

महल के लम्बे-चौड़े प्रांगण में घूमते हुए हम लोग कैंटीन की तरफ आये। यहाँ एक छोटा-सा शॉपिंग कॉम्पलेक्स था। इसकी दुकानों में हस्तशिल्प की बहुत-सी चीज़ें बिक रही थीं। खाने-पीने का सामान भी उपलब्ध था। बहुत-सी ऐसी वस्तुओं का प्रदर्शन भी था जो महल की वास्तुकला से जुड़ी हुई थीं। बहुत-सी रिप्लिकाएँ और कई मौलिक वस्तुएँ भी। मछली यहाँ एक शुभ प्रतीक है। लकड़ी की बनी भव्य मछली का चिह्न बिकते हुए देखा। जो महल की भीतरी दुनिया की शायद रिप्लिका थी। इसके बाद हम होटल लौटे। खाने का समय हो गया था और मुझसे मिलने बहुत से लोग आ गये थे। कल शाम मिले कई लोग भी उनमें शामिल थे। इस बार भोजन कुछ अलग हट कर किया गया। पहली बार जापानी ढंग का पिज्जा, पाश्ता और भाँति-भाँति की भिन्न चीज़ें खायीं। जापान ने आधुनिक क़िस्म के प्रसिद्ध खाने को भी अपने तौर-तरीक़े में ढाल कर नया कर दिया है। मैंने कई जगह बाज़ार में मैकडॉनल्ड्स भी देखा, पर लोग उसमें जाना ज़्यादा पसन्द नहीं करते। सुबह की इस सैर को हमने अपनी समयसारिणी के बीच से चुरा कर पाया था। अब हमारे पास

समय कम पड़ रहा था। महल को हम बाहर से लगभग देख चुके थे और भोजन कर चुके थे। अब, खाने के बाद हमारे पास कार्यक्रम के लिए निकलने में सिर्फ़ एक घण्टा बचता था। और मुझे साड़ी भी पहननी थी। जल्दी होटल पहुँचना था, जिससे निर्धारित समय पर सारे काम कर लिये जायें।

होटल पहुँचने के कुछ ही देर बाद मेरे दरवाज़े पर दस्तक हुई और मैंने दरवाज़ा खोला तो सामने एक स्नेहिल व्यक्तित्व पा कर ख़ुश हो गयी–सामने मुस्कराते हुए खड़ी थीं–ओसाका से अभी-अभी कुमामोटो पहुँचीं प्रो. कोमात्सु।

जापानी लेखक हिरोमी इटो के साथ संवाद

–जगह
नागासाकी बुक स्टोर की तीसरी मंज़िल,
कुमामोटो, जापान
दिनांक–01.12.2018

आज इस भव्य बुक स्टोर को भीतर से देखने का मौक़ा मिला–इसकी तीसरी मंज़िल पर एक कल्चरल हॉल था। कार्यक्रम इसी हॉल के भीतर था। बुक स्टोर के बाहर बड़े से पोस्टर स्टैंड पर मेरी और जापानी लेखक हिरोमी इटो की तस्वीरें लगी थीं। यहाँ की साज-सज्जा कुछ अलग थी और रोचक लग रही थी। यहाँ स्क्रीन, जिस पर मेरे बारे में प्रोजेक्टर से दिखाया जाना था, मेरे और हिरोमी इटो के बीच थी। इस स्क्रीन के एक तरफ मेरे बैठने की व्यवस्था थी और दूसरी तरफ हिरोमी जी के। पिछले कार्यक्रमों की अपेक्षा अलग और थोड़ा अनौपचारिक वातावरण था। यहाँ भी श्रोताओं को मेरी कहानियों के जापानी में अनुवाद की एक पुस्तिका वितरित की गयी, जिसके साथ मेरा संक्षिप्त परिचय भी था। मेरी सभी किताबें एक बड़े से स्टैंड पर डिस्प्ले की गयी थीं। अच्छा लगता था, जब आने वाले लोग स्टैंड पर किताबें देखते हुए आते थे। पूरी दुनिया में किताबों के प्रति अनुराग एक जैसा है, एक जैसी ही उत्सुकता और दीवानगी है।

हिरोमी इटो अस्सी के दशक की प्रसिद्ध कथाकार हैं और प्रखर स्त्रीवादी भी। उनकी किताबों ने अपार लोकप्रियता पायी है। किसी समय वे कोलम्बिया में बस गयी थीं। बाद में जापान सरकार ने उन्हें स्वदेश बुलाया और सम्मानपूर्वक विश्वविद्यालय में अध्यापन का काम दिया। इसलिए यह जान कर कि मैं दिल्ली विश्वविद्यालय में पढ़ाती हूँ, उन्होंने आते ही हाथ मिलाते हुए पूछा–"आपके टीचर को ज़्यादा साल हुआ या लेखक को?"

मैंने कहा–"लेखक को। लेखक होने के बहुत बाद में टीचर बनी।"

"मैं एकदम नयी टीचर हूँ। बेबी टीचर। सरकार से मैंने कहा कि काम के बिना कैसे जापान में रहूँगी? काम दो तो आ जाऊँगी। मुझे टीचर का काम दिया तो आ गयी। अभी पढ़ाने में अच्छा लग रहा है।" हिरोमी जी ने बताया।

उनका अंग्रेज़ी उच्चारण जापान वालों से भिन्न और अमेरिका वालों के निकट था पर लिखती वे जापानी में थीं। चूँकि उन्हें हिन्दी बिल्कुल नहीं आती थी तो अंग्रेज़ी से काम चलाना पड़ रहा था पर बीच-बीच में लम्बी बात करते समय जापानी ट्रांसलेटर की ज़रूरत पड़ती थी, उन्हें भी, मुझे भी।

कार्यक्रम का प्रारम्भ प्रो. नाम्बा ने मेरा परिचय दे कर किया। उन्होंने विस्तार से मेरे काम के बारे में, कहानियों, उपन्यासों आदि के बारे में और जापान में मेरे अब तक की यात्रा और कार्यक्रमों के बारे में जानकारी दी। इसके बाद मेरा व्याख्यान हुआ, विषय था–'जो मैंने पढ़ा और अब तक जो लिखा।' विषय अपने आप में आकर्षक था। मेरे व्याख्यान को प्रो. कोमात्सु ने जापानी में सुनाया। फिर श्रोताओं की तरफ से कुछ प्रश्न आये, जो जापानी में थे और जिन्हें प्रो. कोमात्सु ने मेरे लिए हिन्दी में ट्रांसलेट किया। मैंने हिन्दी में जवाब दिये, जो उन्होंने पुनः जापानी में अनूदित किया। इस प्रकार संवाद का क्रम बना रहा। मेरे व्याख्यान के दौरान यहाँ भी एक घण्टे का मुझ पर केन्द्रित वृत्तचित्र दिखाया गया। इसके बाद हिरोमी इटो ने अपनी कहानी से एक अंश पढ़ा, ख़ूब तालियाँ बजीं। सुनने वाले लोगों की संख्या उत्साह बढ़ा रही थी। लोग ध्यान और उत्सुकता से सुन रहे थे। उनकी कहानी के अंश का सार संक्षेप मुझे हिन्दी में बताया गया। फिर मैंने अपनी कहानियों से चुने हुए कुछ अंश पढ़े। एक अंश पढ़ने के बाद रुकती, तब प्रो. कोमात्सु उसे जापानी में पढ़तीं, फिर दूसरा अंश...इस तरह कुछ अंश पढ़े गये। इन अंशों पर भी ख़ूब प्रतिक्रिया हुई। यहाँ भी प्रबुद्ध श्रोता उपस्थित थे–अनेक विषयों के प्रोफ़ेसर, मीडिया के लोग, सम्पादक, पत्रकार, सामान्य साहित्यिक अभिरुचि के लोग और अनेक विषयों के शोधार्थी...मैंने देखा कि इस बीच मेरी किताबें सभी के आगे से गुज़रतीं, लोग उन्हें खोलते, उलटते, पलटते और आगे बढ़ा देते...हिन्दी न जानते हुए भी किताब को देखने का उनका तरीक़ा बहुत सुकूनदेह लग रहा था।

इसके बाद हिरोमी इटो के साथ बातचीत शुरू हुई। मेरी कहानियों को लेकर और आम आदमी के जीवन को ले कर कई बातें हुईं। स्त्रीवादी होने के कारण हिरोमी जी ने स्त्री जीवन की समस्याओं और उनमें आये परिवर्तनों पर सवाल किये।

हिन्दुस्तान में पिछले दशकों में स्त्री जीवन में क्या बदलाव आये हैं, इस पर भी बात हुई। बातों के बीच मैंने पूछ लिया कि जापान एक पूर्ण विकसित और उन्नत देश है। यहाँ पति-पत्नी के रिश्ते किस तरह के हैं यानी क्या स्त्रियाँ घरेलू हिंसा का शिकार होती हैं? या पति-पत्नी के बीच स्वस्थ सम्बन्ध होते हैं? इस पर पता चला कि जापान में पति-पत्नी के बीच सेक्स रिलेशन लगभग न के बराबर है। शायद यह सारी दुनिया में सबसे ख़राब स्थिति है। स्त्री आज़ाद हुई है पर उसके रिश्ते पर इसका असर आया है।

इस बातचीत में जो प्रश्न और जो बातें मेरी स्मृति में अटकी रह गयीं, उनका ज़िक्र यहाँ करूँगी। शब्दश: तो वे याद नहीं हैं पर उनका थोड़ा बहुत सार याद रह गया।

एक बात यह भी आयी कि स्त्री आज़ाद हो गयी पर प्रेम नहीं बचा यानी उसे रिश्तों की क़ीमत चुकानी पड़ी। भारत में थोड़ी-सी आज़ादी पाने के लिए स्त्रियाँ संघर्ष कर रही हैं और बार-बार देखा गया है कि प्यार इस रास्ते में सबसे बड़ी बाधा बन कर खड़ा हो जाता है। प्यार को बचाना और आज़ादी भी पाना, स्त्रियों के लिए बहुत जद्दोजहद वाली स्थिति बनाता है। अक्सर स्त्रियाँ प्यार के लिए कुर्बानी देती हैं–अपनी आज़ादी की कुर्बानी, पर फिर जो प्यार बचता है, वह मालिक और प्रिय सेवक का ही बचता है यानी प्यार बचाने का भ्रम अधिक है, क्योंकि स्त्री के लिए प्यार एक यूटोपिया है। वह कभी हासिल नहीं होता, ख़ासकर आज़ादी की कुर्बानी से तो कभी नहीं। मैंने यह भी जानने की जिज्ञासा प्रकट की थी कि क्या कभी जापान में ऐसा घटित होता है कि लड़की अपने प्रेमी के साथ घर से भाग जाये यानी जान दे देने वाला प्यार? पता चला कि ऐसा कुछ घटित नहीं होता। अगर होता भी है तो बहुत कम। मुझसे यह भी पूछा गया कि लिखना और जीना अलग क्यों है? और मुझे यह अपनी रचनाओं के सन्दर्भ में कितना सच लगता है? मैंने रचना और जीना को ले कर कुछ बातें कहीं और यह भी बताया कि कल्पना साहित्य में होती है, पर केवल कल्पना से साहित्य का काम नहीं चल सकता। क्योंकि हम अपने समय का आख्यान भी लिख रहे होते हैं। पाठक अपने समय और समाज की जटिलताओं को साहित्य के माध्यम से समझने की कोशिश करता है। ज़मीन पर, असली जीवन की जो समस्याएँ हैं, उन्हें पुनसृजित करने के लिए कल्पना ज़रूरी है, इसलिए साहित्य में जीने और लिखने में यानी व्यवहार और विचार का फ़र्क़ नहीं आना चाहिए। वैसे यह कहा गया है कि आपकी भाषा आपके भेद खोल देती है तो आपके विचार

आपके लेखन में व्यक्त हो जाते हैं, यह जाने-अनजाने हो ही जाता है। इससे बचना थोड़ा मुश्किल है।

इसी के साथ रियलिज़्म की बात भी उठी और साहित्य और रियलिज़्म के रिश्ते पर अच्छी बात रखी गयी। मैं यहाँ लम्बा बोली। रियलिज़्म की अवधारणा और साहित्य मेरा प्रिय विषय भी रहा है। हिरोमी जी की तरफ से 'एज ए राइटर' हिन्दी में स्त्रियों की स्वीकृति का प्रश्न भी आया। जिसके उत्तर में मुझे हिन्दी साहित्य समाज की पुरुष कुण्ठा और भय पर बात करनी पड़ी। इतिहास की गवाही यहाँ ज़रूरी थी, सो अनेक उदाहरण मैंने दिये। हिन्दी में जो स्त्रियाँ लिख रही थीं, उन्हें लम्बे समय तक 'ऐज ए राइटर' स्वीकार नहीं किया गया। उनका संघर्ष लम्बा और कठिन रहा है। कितनी ही बार उन्होंने वाचिक आक्रमण भी झेले। यह अभी भी जारी है। लेकिन आज उन्होंने कुछ जगह बना ली है।

जिस अपनी कहानी 'मुक्ति प्रसंग' का अंश मैंने पढ़ा था, उस पर प्रश्न हुआ कि क्या उसे लिखते समय मुझे भी कुछ इस तरह की स्थितियाँ झेलनी पड़ी थीं, क्योंकि उसका विषय हिन्दी समाज में आसानी से स्वीकार किया जाना कठिन लगता है? यह बिल्कुल सही था। इस कहानी के छपने के साथ मुझे बहुत परेशानियों का सामना करना पड़ा था। तमाम पत्र आये, कुछ धमकी भरे भी होते, कुछ अश्लील पत्र भी आये, बहुत दबाव भी बनाये गये, समझौते करने के संकेत और दबाव आये, किसी न किसी गुट में शामिल हो जाने का दबाव भी बनाया गया। कई सीनियर लेखकों की तरफ से और कई बार अपने समकालीन लेखकों की ईर्ष्या-द्वेष के चलते दुश्मन जैसा व्यवहार भी झेलना पड़ा। यह सब एक तरह का हरासमेंट था कि मैं हार मान लूँ और लिखना छोड़ दूँ। पर मैंने भी हार नहीं मानी। जो इस तरह की बिघ्न-बाधाओं को पार कर जाते हैं, वे अपने स्वाभिमान के साथ अपनी जगह पा लेते हैं। यह मैंने सीखा भी।

एक बहुत अच्छा सवाल हिरोमी इटो ने उठाया था कि क्या हिन्दी में भी ऐसा हो रहा है कि स्त्री रचनाकारों की आवाज़ ख़ुद की न हो कर, पुरुषों की आवाज़ है? आज मैं स्त्री लेखक के रूप में अपनी बॉडी के बारे में लिखती हूँ, अपने मातृत्व के बारे में लिखती हूँ लेकिन पुरुष हमारे इस अनुभव संसार को समझना नहीं चाहते। महिलाओं की तरफ से भी ऐसी ही पुरुषों के स्वर की सहमति आती है।

मैंने कहा कि महिला की तरफ़ से जो सहमति आती है, वह उसकी कंडिशनिंग और सुविधा लेने का मामला है। जो स्त्री सुविधा लेने के लालच में पड़ेगी, वह पुरुष

के स्वर से ही स्वर मिलायेगी। हिन्दी में ऐसी स्थिति है कि ज़्यादातर स्त्रियाँ सुविधा के लिए पुरुष का पक्ष लेती हैं। वे स्त्री की आवाज़ के बजाय पुरुष की आवाज़ बन जाती हैं। यहाँ तक कि स्त्री विमर्श के नाम पर भी पुरुष के द्वारा तय किया गया रास्ता ही अपनाती हैं। इससे भी हमें लड़ना पड़ता है। हिन्दी में बहुत कम ऐसे स्वर हैं, जिन्हें हम स्त्री स्वर कह सकते हैं। यहाँ मुझे वर्जीनिया वुल्फ़ की वह बात याद आयी कि "तमाम पुरानी किताबों की दुकानों में औरतों के जो उपन्यास बिखरे पड़े रहते हैं, वे किसी बग़ीचे में छोटे दागदार सेबों की तरह दिखाई देते हैं, उनके बीच की गड़बड़ी ने उन्हें सड़ा डाला है। दूसरों की राय के अनुपालन में स्त्री रचनाकारों ने अपने मूल्य बदल डाले।" यह सच कि केवल अँगुलियों पर गिनने भर स्त्रियाँ, पुरुषों के इस निर्देश की पूरी तरह उपेक्षा कर सकीं कि यह लिखो, वह सोचो। यही हाल हिन्दी स्त्री लेखन का भी है। लगता है स्त्रियाँ बड़ी मात्रा में क़लम उठा चुकी हैं, पर वे पितृसत्ता की आवाज़ की प्रतिध्वनि बन कर तो नहीं रह जा रहीं! या अति महत्त्वाकांक्षा के चक्कर में पल्प साहित्य की भेंट चढ़ जा रहीं! वे अपनी रचनात्मकता के साथ विवेकपूर्ण ढंग से पेश आ पा रही हैं या नहीं, यह सोचने वाली बात है! दूसरी बड़ी बात यह भी है कि स्त्रियाँ अपने व्यापक सामाजिक सरोकारों की बात करें और मानवता के वृहत्तर पक्ष में रचें, न कि उन पर थोप दिये गये एक ख़ास तरह के 'स्त्री विमर्श' के घेरे में। इस घेरे को तोड़कर ही नवोन्मेष की तरफ जाना होगा। अपने लिए व्यापकता पानी होगी और पूरी दुनिया पर बात करने का हौसला भी। स्त्री सभी विषयों पर बात कर सकती है, चाहे राजनीति हो, अर्थव्यवस्था हो या आदिवासी संघर्ष...

जब मेरी कहानियाँ लड़के पढ़ते हैं तब क्या उन पर कुछ असर होता है? इस प्रश्न के उत्तर में यह नहीं कहा जा सकता कि कोई असर नहीं होता। असर तो होता है। एक अच्छे लेखक की रचना अपने जागरूक और संवेदनशील पाठक पर कोई न कोई असर छोड़ती है। कई बार वह वैचारिक उद्वेलन की तरफ ले जाती है। मेरी कहानियाँ कई जगह पठ्यक्रमों का हिस्सा हैं तो जाहिर है लड़के भी उन्हें पढ़ेंगे। मेरे पाठक कई बार व्यथित होते हैं, यह उनके पत्रों, सन्देशों, फ़ोन और मेल से समझ में आता है। वे समाज को बदलना चाहते हैं। वे बेहतरी चाहते हैं। अच्छी तरफ जाना चाहते हैं। पुरुष कंडिशनिंग को कुछ ढीला करते हैं। प्रेम विवाह करते हैं। जाति के बाहर शादी करने को तैयार हो जाते हैं। लेकिन यह पितृसत्तात्मक संरचना इतनी मज़बूत है कि शादी के बाद समाज के साथ सामंजस्य बैठाते-बैठाते वे परम्परागत

परिवार में बदलने लगते हैं। स्त्री पर यौन नियन्त्रण को ले कर उनका तरीक़ा पूरी तरह परम्परागत हो जाता है। वे स्त्री के पूरे जीवन, उसकी गतियों को काबू में रखते हुए प्राय: पितृसत्तात्मक तरीक़े से ही व्यवहार करने लगते हैं। पर ऐसा नहीं है कि स्त्री के हिस्से बदलाव का कोई सकारात्मक पक्ष नहीं। आज कॅरियर भारतीय लड़कियों के लिए शादी से बड़ी चीज़ बन रहा है। लड़कियों की प्राथमिकताएँ पहले से बदली हैं। बड़े शहरों में लड़कियाँ जल्दी शादी नहीं करना चाहतीं। अपनी आज़ादी को पहचानने की तरफ जाना चाहती हैं। माता-पिता का सपोर्ट भी कुछ जगह उन्हें हासिल हुआ है और समाज स्वीकृति भी। यह बड़ा परिवर्तन है, पर अभी बहुत कम है।

जब भारतीय शादी की बात आये तो दहेज की बात न उठे, बहू दहन जैसी हत्याओं की भी बात न आये, ऐसा मुश्किल है। हमारे यहाँ का विवाह के साथ जुड़ा यह व्यवसाय कम प्रसिद्ध नहीं! यहाँ सवाल यह आया कि क्या प्रेम विवाह में भी दहेज चलता है? या अभी भी दहेज दे कर शादियाँ की जाती हैं? दृश्य और अदृश्य खाप पंचायतों और प्रेम विवाह के कारण इज़्ज़त के नाम पर हुई हत्याओं की भी बात यहाँ हुई और इन पर मैंने क्या लिखा है और हिन्दी साहित्य में कुछ लिखा गया या नहीं? यह भी प्रशन उठा कि पुरुषों ने इन समस्याओं पर कितना लिखा? यह विचारणीय प्रश्न है। प्राय: हिन्दी के पुरुष लेखक इन विषयों को घरेलू लेखन का दर्जा देते हैं, इसलिए उनसे अधिक उम्मीद नहीं की जा सकती।

जहाँ तक दहेज की बात है तो कई प्रदेशों में दूल्हों के दाम आज भी तय हैं। दहेज झूठे सम्मान का प्रतीक बन गया है। माता-पिता के आगे समस्या यह भी है कि लड़की की शादी के लिए धन बचायें या पढ़ाई पर ख़र्च करें। अब जो लड़कियाँ पढ़ कर नौकरी करने लगी हैं और अपनी मर्जी से शादी करने लगी हैं तो ज़रूर कुछ राहत हुई है। परन्तु अपनी मर्जी से शादी कर पाने का प्रतिशत अभी भी बहुत कम है। लड़कियों पर बढ़ती हुई हिंसा पर भी सवाल आया। यह हिंसा इसलिए पहले की अपेक्षा बढ़ी हुई लग रही है क्योंकि लड़कियाँ बाहर निकलने लगी हैं तो वे ज़्यादा स्वतन्त्र दिखाई पड़ती हैं और स्वतन्त्र स्त्री हमारी सामाजिक संरचना में है ही नहीं। स्त्री के लिए 'असूर्यपश्या' का सिद्धान्त आचार्य मनु ने दिया था, जो बेहद अमानवीय है। इसी के साथ स्वतन्त्र दिखती स्त्री को, पुरुषों द्वारा 'सबके लिए उपलब्ध' मान लेने की मानसिकता नहीं बदली है। पढ़े-लिखे पुरुष भी तर्क देते दिखेंगे कि अँधेरा होने पर घर से क्यों निकली या अकेले क्यों जा रही थी? किसी

भी दुर्घटना के लिए आसानी से लड़की और उसके चरित्र को ज़िम्मेदार ठहरा दिया जाता है। निर्भया काण्ड का होना इसी मानसिकता का परिणाम है। लेकिन इसी काण्ड के साथ सामाजिक स्तर पर एक बड़ा परिवर्तन भी देखने को मिला कि समाज ने पहली बार लड़की को दोषी नहीं माना और अपराधियों के विरुद्ध खड़ा हुआ। निर्भया के साथ जो लड़का था, उसे भी समाज ने स्वीकार किया कि न तो लड़का चरित्रहीन था और न ही लड़की। वह लड़का निर्भया की तरफ से गुण्डों से लड़ा, समाज ने पहली बार लड़कों के इस तरह के साहस का साथ दिया, सराहा। यह भारतीय समाज के लिए नयी और बड़ी बात है।

ऑफ़िस प्लेस पर यौन हिंसा और फ्यूडल माइंड सेट की बात भी मैंने किया। स्त्री को वस्तु समझने के कारण उसे इस्तेमाल किया जाता है वस्तु की तरह। हमारे यहाँ 'मनुस्मृति', जो कि पितृसत्ता का अघोषित क़ानून है, उसमें स्त्री को अधीन माना गया है–पिता, पति, पुत्र के अधीन। जब वह आर्थिक रूप से आत्मनिर्भर है और किसी के संरक्षण में नहीं है और किसी लड़के के साथ घूम रही है तो वह अच्छी लड़की नहीं हो सकती। यह मानसिकता अभी भी है और हिंसा को प्रोत्साहित करती है। स्त्री हिंसा के अनेक रूपों को लेकर भी प्रश्न किया गया। सेक्सुअलिटी और बस, ट्रेन आदि में होने वाले हरासमेंट पर भी मैंने बात की। चूँकि मेरी कहानी 'मुक्ति प्रसंग' जापानी में अनूदित थी और बहुत से लोगों ने उसे पढ़ा था, इसलिए हिंसा का यह रूप उन्हें हैरान परेशान कर रहा था। मैंने पूछ लिया कि क्या यहाँ बस या मेट्रो आदि में लड़कियों के साथ छेड़छाड़ नहीं होती? पता चला कि ऐसा नहीं है, जापान में भी ऐसी घटनाएँ होती हैं, पर कम हैं। हिरोमी इटो ने अपना अनुभव बताया कि स्कूल जाते समय किसी लड़के ने उनके ऊपर कुछ फेंका, जो वीर्य था, जिस कारण से वे स्कूल नहीं जा सकीं। यह घटना उन्हें कभी नहीं भूली। हालाँकि ऐसा बहुत कम है वहाँ, पर पूरी तरह ख़त्म नहीं हुआ है।

इस बीच एक श्रोता ने, जिनके बारे में बाद में पता चला कि वे बौद्ध अध्ययन में शोध कर रहे थे, उन्होंने जापानी में ही पूछा कि "भारतीयों के मन में भाग्य और कर्म की अवधारणा अभी भी रहती है? क्योंकि मैंने अपनी कहानी 'मुक्ति प्रसंग' में इसका उल्लेख किया है, भाग्यवश नहीं, कर्मवश।" जहाँ तक याद आता है कि मैंने कर्म और भाग्य की अवधारणा को भारतीय सन्दर्भ में स्पष्ट किया था और बताया था कि भाग्य की अवधारणा पूरी दुनिया में है पर कर्मफल का सिद्धान्त भारत का नितान्त अपना है। 'गीता' इसका श्रेष्ठ उदाहरण है। युद्ध के बीच जीवन दर्शन की

बात कर पाना भारतीय मनीषा के लिए सम्भव हुआ। और यह भी कि अभी भी भाग्य और कर्म फल का सिद्धान्त आज भी जनमानस में अपनी जगह रखता है। कर्म जो हम करते हैं, उसका कुछ न कुछ परिणाम अवश्य होता है। परन्तु भारतीय स्त्री को भाग्य के सहारे कर दिया गया। जैसे कि छोटी लड़कियों की शादी किसी वृद्ध या अपंग से कर देना या उन्हें बेच देना और उनके दिमाग़ में यह डालना कि यह उनका भाग्य है जबकि यह किसी और का किया गया कर्म है। स्त्रियों का संघर्ष उनका कर्म है, जो परिस्थितियों को बदलने में मददगार होता है। इसलिए मैंने कर्म और उसके परिणाम पर बल दिया है।

एक श्रोता ने मेरी कहानियों की भाषा में 'सटायर' की बात की और एक किसी ने भाषा के नये वेरिएशंस देने की। यह सच है कि मैंने हिन्दी भाषा को नया वेरिएशंस देने की कोशिश की है और उपन्यास के शिल्प में बहुत कुछ बदला है। किसी ने मेरे उपन्यास 'अस्थि फूल' के बारे में जानना चाहा, क्योंकि उन्हें झारखण्ड के आदिवासी जीवन के बारे में कुछ जानकारियाँ थीं। इस उपन्यास के सामाजिक राजनैतिक पहलू को समझने में उनकी गहरी दिलचस्पी दिखी। मेरे कथा साहित्य में विचार को ले कर भी प्रश्न आये और तकनीक के नये इस्तेमाल को ले कर भी। 'अन्हियारे तलछट में चमका' में शिल्प के स्तर पर मैंने जो प्रविधि अपनायी थी, वह अन्य किसी कहानी या 'अस्थि फूल' में क्यों नहीं अपनायी गयी? यह भी एक बढ़िया प्रश्न था। 'मिड-डे मील' कहानी के यथार्थ को ले कर भी लोगों में बहुत जिज्ञासा थी। ये सारी बातें बहुत रोचक और लम्बी चलीं।

हमारा यह संवाद पॉपुलर साहित्य की तरफ भी आया। पॉपुलर साहित्य में पहली बार इतना बढ़-चढ़ कर स्त्रियाँ भागीदारी कर रही हैं। वे गम्भीर लेखन की चुनौतियों को स्वीकार करने के बजाय बाज़ार के लिए लिखने में ज़्यादा आगे बढ़ी हैं, यह रास्ता आसान है। पॉपुलर साहित्य एक तूफ़ान की तरह उमड़ा है, इसका भविष्य कैसा होना है? क्या यह गम्भीर साहित्य को निगल जायेगा और जेनुइन लेखक किनारे कर दिये जायेंगे? इस तरह के अनेक प्रश्न आये। मुझे याद है कि मुझे एक पुस्तिका दी गयी थी, जो जापानी में थी परन्तु उसमें कुछ लेख अंग्रेज़ी में अनूदित थे, जिनमें से एक लेख हिन्दी के पॉपुलर लिटरेचर पर था। यह पहचान जापान के साहित्य से जुड़े लोगों ने कर लिया था कि किस तरह हमारे यहाँ साहित्य पर बाज़ार ने क़ब्ज़ा कर लिया है और जेनुइन लेखकों को किनारे कर केवल बिकाऊ लिटरेचर पर केन्द्रित होता जा रहा है। मैंने लगभग जो कहा था, उसका सार कुछ ऐसा ही था कि ऐसा सम्भव नहीं दिखता कि एक बड़ा और जन पक्षधर

लेखक पूरी तरह किनारे कर दिया जायेगा। ऐसा थोड़ी देर के लिए लग सकता है। क्योंकि दुनिया में ऐसा कहीं नहीं हुआ कि समय और समाज की नब्ज पकड़ने वाला लेखक हमेशा के लिए किनारे कर दिया जाये। साहित्य तब तक बचा रहेगा, जब तक समाज। सतही साहित्य की यह भरमार कम तो नहीं होगी पर अपनी असली जगह पा लेगी और साहित्य का इच्छुक पाठक साहित्य तक पहुँच सकेगा। यह एक उम्मीद भरी बात हो सकती है। उम्मीद पर दुनिया कायम है!

इन सब बातों के बीच यहाँ भी एक व्यक्ति ने 'टॉयलेट' न होने और स्त्रियों के मैदान में टॉयलेट जाने के सन्दर्भ में जिज्ञासा प्रकट की थी। और भी अनेक प्रश्न थे, बहुत से मुझे याद नहीं रह गये।

इसके बाद हम लोग शहर के दूसरे हिस्से को देखते हुए एक अलग तरह के पारम्परिक रेस्टोरेंट में आये। यह अपनी साज-सज्जा में अब तक के सारे ही रेस्त्राँ से अलग था। और यह वह ऐतिहासिक डिनर भी था, जिसमें एक भी पुरुष की उपस्थिति नहीं थी। इस डिनर में हम नौ लोग थे। सभी, नौ दिशाओं की भाँति अलग अलग विशेषताओं को लिये जगमगा रहे थे। नौ रत्नों में प्रो. मिवाको नाम्बा, प्रो. हिसाए कोमात्सु, हिसाको मात्सुकिजोनो, मेरी साइगुची, अया दाइकुहारा, हिरोमी इटो, मियुकी सुमुरा, हाइनो और प्रो. हिरोको फुरूटा और साथ में मैं भी। यहाँ मैं अपने को इन रत्नों के बीच रत्न ही मान बैठी हूँ। इसे आत्म गौरव कहा जाना चाहिए। यह दृश्य अपने आप में अत्यन्त मनोहारी था। यहाँ इस बात की कोई चिन्ता नहीं थी कि एक सन्तुलन के लिए किसी विद्वान पुरुष को आमन्त्रित किया जाये, बल्कि सहज रूप से यह दिमाग़ में कहीं था ही नहीं। यही बात आकर्षित कर रही थी। हिरोमी इटो और मुझे आमने-सामने बैठाया गया था और यहाँ हमने अनौपचारिक रूप से बहुत-सी देश-दुनिया की बातें कीं।

इतनी सारी विद्वान महिलाओं को एक साथ देख-सुन कर मुझे हृदय से गौरव का अहसास हो रहा था। हमने यहाँ आख़िरी कार्यक्रम की सफलता का उत्सव ख़ूब मन से मनाया।

आकीको योसानो की कविताएँ

(ओसाका के साकाई शहर में सन् 1878 में जन्मी आकीको योसानो को स्त्री कामानुभूति की सघन अभिव्यक्तियों के लिए जाना जाता है।)

1. बीस बरस की मैं
   कंघी से झाड़ते काले बाल
   आईने को निहारती सगर्व
   सुन्दर बसन्त-सी नवयौवना

2. मेरी इस कोमल त्वचा के भीतर
   बहता गरम रक्त
   उसे छुए बिना तुम एकान्त में
   केवल देते रहते हो उपदेश

3. बसन्त पल भर के लिए आता है
   जीने की अमरता का क्या
   तुम्हारे हाथ खींचती हूँ
   अपने उन्नत स्तनों की ओर

4. मैं कहती हूँ आज, पहाड़ ज़रूर हिलता है
   मगर लोग विश्वास नहीं करते
   पहाड़ केवल थोड़ी देर के लिए सो रहा है
   एक ज़माने में वह आग उगल कर हिलता था
   भले ही कोई उसका विश्वास न करे

पर लोगों, सिर्फ़ इसका विश्वास करो
नींद में डूबी सभी औरतें अब जाग कर हिलती हैं

5. गर्मी में
हवा पहाड़ की ओर से चलती है
तीन सौ जवान घोड़ों के
कानों को स्पन्दित करते हुए

6. ओ मई,
फ्रांस में आग के रंग का मैदान है
तुम उसी रंग के कोकुलिको फूल हो
मैं भी कोकुलिको फूल हूँ

7. तुम्हारे साथ चलते हुए
नोट्रडम का टावर
मेरी आँखों में ठहर रहा है
हल्के गुलाबी रंग का संध्या काल

फिर ओसाका की ओर

–जगह
एक बार फिर ओसाका
दिनांक–02.12.2018

हम एक बार फिर ओसाका के लिए प्लेन में बैठ चुके थे। दिन चमकता हुआ खिला था। मौसम में ठण्ड होने के बावजूद हवा उतनी तेज़ नहीं थी। किनारे की सीट मिल गयी थी और खिड़की से बाहर के दृश्य कुछ देर तक देखा जा सकता था। यह आख़िरी पड़ाव था और भारत लौटने के लिए मुझे यहीं से आगे बढ़ना था। अब दोस्तियाँ इतनी सुन्दर बन चुकी थीं कि साथ-साथ घूमने का आनन्द आ रहा था। सो यहाँ के एयरपोर्ट पर घूमते हुए छोटी-छोटी सी ख़रीदारी की गयी। ख़ास जापानी वाइन ख़रीदी गयी, जो राइस से बनी हुई थी और जिसकी पैकिंग गजब मनमोहक थी। तमाम तरह की सुन्दर मिठाइयाँ भी ख़रीदी गयीं। घूमना भी हुआ और अलग-अलग तरह का स्वादिष्ट खाना भी खाया गया। ब्रिटिश फूड-बेकरी का कुछ खाना भी। बढ़िया-सी कॉफ़ी के साथ गपशप भी हुई। यहाँ के जीवन में अकेलेपन और अवसाद की चर्चा हुई तो यह बात भी आयी कि भारतीय खुल कर हँस-बोल लेते हैं। खुल कर झगड़ा भी कर लेते हैं। अभिव्यक्ति की समस्या उन्हें नहीं है पर अभिव्यक्ति के मामले में जापानी लोग अपने को बहुत रोकते हैं। इसलिए उनका अकेलापन अलग तरह का है, वैसा नहीं जैसा अन्य विदेशी जगहों पर है। एक अलग तरह का संकोची स्वभाव बन गया है उनका। अपनी अनुभूति को अभिव्यक्त करना जापानी के लिए कठिन है, वे ज़्यादातर उसे व्यक्त नहीं करते, इसलिए उनका अकेलापन ज़्यादा गहरा है। अपने मित्रों के बीच संकोच को हम लोग नहीं मानते। मित्र होते ही हैं हमारा सब अच्छा-बुरा सुनने की क्षमता रखने वाले, ऐसा हम हिन्दुस्तानियों के दिमाग़ में कूट-कूट कर भरा रहता है। इसलिए पक्के मित्रों के साथ हम कई बार

इतना खुल जाते हैं कि वही दोस्त जब किसी कारणवश नाराज हो जाता है तो पता चलता है कि वही हमें सबसे अधिक नुकसान पहुँचाने में भी सक्षम है, क्योंकि वही तो हमारे जीवन के सब राज जानता है। पर जापान में ऐसा कम ही मिलेगा। गहरे मित्रों से भी वे एक आवश्यक दूरी बना पाते हैं।

इन्हीं सब बातों के बीच प्रो. कोमात्सु ने एक यादगार घटना सुनायी। प्रो. कोमात्सु ने बताया कि जब वे हिन्दुस्तान में थीं, उन्हें पहली बार पता चला कि पानी की समस्या भी हो सकती है। क्योंकि जापान का पानी मैनेजमेंट इतना अच्छा है और समुद्र के कारण पानी की कोई कमी भी नहीं है, इसलिए जनमानस में यह बात कभी आती ही नहीं कि पानी किसी दिन न आये तो कैसा होगा? हिन्दुस्तान के कई इलाक़ों में पानी की गम्भीर समस्या को उन्होंने पहली बार जाना था और अब दुनिया में पानी की समस्या को अच्छी तरह समझती थीं। पानी के बिना जीवन की कल्पना असम्भव है। हम इसी तरह की बातें करते तैयार हुए होटल पहुँचे और कुछ ही देर बाद फिर से तैयार हो कर ओसाका घूमने निकल पड़े। क्रिसमस की तैयारी में दुकानें सजायी जा रही थीं और चमकदार सौन्दर्य से बाज़ार भरा हुआ था।

मौसम इतना शानदार था कि ओसाका पहुँच कर ज़रा भी थकान महसूस नहीं होती थी। हम यूँ ही घूमते रहे कि आज ही वह आख़िरी दिन है, जब ओसाका को, जापान की धरती को और मित्रता के प्रेम को मुझे ख़ूब पा लेना है।

मन का गुरुत्वाकर्षण

–जगह
कंसाई इंटरनेशन एयरपोर्ट,
ओसाका, जापान
दिनांक–03.12.2018

हल्की-हल्की बारिश हो रही है। जब से मैं जापान में हूँ, पहली बार बारिश से मुलाक़ात हो रही है। सुना था कि यहाँ जब-तब बारिश होती रहती है। कई बार ऐसे मौक़े भी आये, जब काले बादल घिर-घिर आये और लगा कि आज बारिश होगी, पर मुझसे मिलने बारिश आज आयी, वह भी तब, जब मुझे जाना है। कितना कुछ प्रकृति के हिस्से में भी तरल हो रहा है। जैसे वह भी मुझे विदा करने उमड़ी चली आना चाहती है। लोग जापानी छतरी लिये दिख रहे हैं। आज दिसम्बर की 3 तारीख़ हो गयी है यानी मुझे एयरपोर्ट के लिए निकलना है। कोई चुम्बक-सा है जो हिन्दुस्तान की तरफ खींचता है। इसे मन का गुरुत्वाकर्षण कहा जा सकता है। लेकिन हम यूँ ही किसी जगह को छोड़ कर कहाँ निकल पाते हैं–कितना कुछ उसका हमारे साथ चलता चला आता है और कितना कुछ अपना हम वहाँ चुपचाप छोड़ आते हैं। कितना प्यार, कितने सम्बन्ध, कितना विचार, कितना अपनापा...

और विछोह का कुछ दर्द भी...

प्रो. कोमात्सु मुझे छोड़ने आयी हैं। वे कितनी संवेदनशील हैं–मैं उन्हें विद्वता और संवेदना का मणिकांचन संयोग कहूँ तो कोई आश्चर्य नहीं। वे मेरे लिए कुछ प्यारी-सी चीज़ें भी लायी हैं। उन्हें मेरा कितना ख़याल रहता है, सोच कर मेरी आँखें भर आती हैं। विछोह की ये कैसी अनुभूति है! प्रेम का यह कौन-सा, कैसा-सा रंग! उनसे दूर जाना अच्छा नहीं लग रहा। वे अब जापान में मेरा परिवार हो गयी हैं–मेरी बहिन मित्र।

सियोल के लिए प्लेन में बैठते ही मन में कितने भाव आने-जाने लगे–अब तक की मेरी जीवन यात्रा कठिन रही, पर मुश्किल नहीं...संघर्ष की राह पर पाँव चलते रहे...जीवन रुकता नहीं...

गतिशील है जीवन की यात्रा...मेरे जाने...मेरे अनजाने...

"The repose of the sun-embroidered green gloom
slowly spread over my heart.
I forgot for what I had traveled,
and I surrendered my mind without struggle
to the maze of shadows and songs.

At last, when I woke from my slumber and opened my eyes,
I saw thee standing by me, flooding my sleep with thy smile.
How I had feared that the path was long and wearisome,
and the struggle to reach thee was hard!**

(Rabindranath Tagore)

जापान में दिया गया प्रमुख व्याख्यान

जिगर के बरक्स वक़्त की टेढ़ी शमशीर

साथियो!
मैं कथाओं के देश से आती हूँ, जिसकी मिट्टी, हवा, पत्थर, पानी, वन प्रान्तर से लेकर मनुष्यों की जीवन शैली में कथाएँ रची बसी हैं–भारत। कथाएँ हमारे डीएनए में हैं। हमारे रक्त का हिस्सा हैं। हमें सुलाने के लिए जगाया जाता है। मतलब कि बचपन में हमें जब सुलाया जाता है तब दादी, नानी, अम्मां की लोक कथाएँ हमें सुलाने से ज़्यादा, हमारी चेतना को जगाने का काम करती हैं। नानी की कहानियों के अन्त में प्राय: यह कहा जाता है कि 'कहानी गयी वन में, सोचो अपने मन में', इसका अर्थ है कि कहानी ख़त्म हो जाने के बाद भी ख़त्म नहीं हुई है, वह मन में चेतना के स्तर पर काम कर रही है और आपको सोच-विचार के लिए आमन्त्रित कर रही है। हमारी शुरुआती पढ़ाई यहीं से शुरू होती है। हमारे यहाँ पुरानी परम्परा पढ़ने के बजाय श्रुति की रही है। आज भी नानी और अम्मां की कहानियाँ इस श्रुति परम्परा का विस्तार प्रस्तुत करती हैं।

जीवन में सुनी पहली कहानी से ले कर अब तक पढ़ी अनगिनत कथाओं में जो चीज़ कॉमन है, वह है–मनुष्यता के पक्ष में खड़ा होना और बुराई से संघर्ष करना। आज जहाँ अच्छे-बुरे के भेद को मिटाने के लिए पूरी दुनिया में जोर आजमाइश चल रही है, हमारे देश में प्रचलित इन लोक कथाओं में सत्य-असत्य का संघर्ष होता है और अन्त में सत्य की जीत होती है। यह जीत दरअसल यथार्थ में चाहे न भी घटित हो सके पर हमारे भीतर उम्मीद को रोपने का काम करती है। यह उम्मीद ही हमें तमाम उम्र अँधेरों से लड़ने की ताक़त देती है।

हालाँकि यह भी होता है कि इन लोक कथाओं में राजकुमार बार-बार राक्षस को मार देता है, पर कहाँ मरता है यह राक्षस! वह तो हर युग में, हर समय और

परिस्थिति में रूप बदल-बदल कर मनुष्यता के लिए ख़तरा बनता रहता है। इन लोक कथाओं के अनुसार राक्षस का प्राण उसके शरीर के भीतर नहीं रहता, वह कहीं और रहता है जैसे किसी तोते में। मतलब कि वह नियन्त्रित कहीं और से हो रहा होता है। इसलिए राक्षस को मारने के लिए पहले तोते को मारना होता है। इसे एक रूपक के तौर पर समझा जा सकता है। आज मनुष्य विरोधी सत्ताएँ, संस्थान आदि भी एक राक्षस की तरह हैं, जिनका प्राण कहीं और बसता है।

लोक कथाओं से होते हुए मैंने 'पंचतन्त्र' की तमाम कहानियों में रूपकों को जाना। विष्णु शर्मा की लिखी 'पंचतन्त्र' एक ऐसी ही विशिष्ट किताब है, जिसमें कहानियों के भीतर से कहानियाँ निकलती हुई आपको कथा प्रवाह के साथ बहाये लिये जाती हैं और कहने का अनूठा शिल्प रचती हैं, जो आज भी पाठक को चमत्कृत करता है। आधुनिक कथा शैली के बीज हम यहाँ पा सकते हैं। 'पंचतन्त्र' का मूल सारांश ही है–विजडम इज़ योर रियल स्ट्रैंथ।

भारतीय साहित्य के दो महान एपिक 'रामायण' और 'महाभारत' जनमानस में रचे-बसे हुए हैं। ये जनता के जीवन में इस तरह घुले-मिले हैं कि दैनिक जीवन में कोई कम पढ़ा-लिखा व्यक्ति भी अथवा औपचारिक शिक्षा न ले सका व्यक्ति भी अपने रोजमर्रा के जीवन में, इसमें से कुछ न कुछ उदाहरण देता रहता है और अपने जीवन को इनसे कनेक्ट कर देखता है।

जो जादुई यथार्थवाद विश्व कथा साहित्य में दशकों से चर्चा के केन्द्र में है और जिसके महत्त्वपूर्ण लेखकों में लैटिन अमेरिका के मार्खेज से ले कर जापान के हारूकी मुराकामी जैसे ख्यात प्राप्त रचनाकार हैं, वे हमें इसलिए भी अपने इतने निकट लगते हैं कि कथा कहन की यह शैली भारतीय आख्यान परम्परा में लोक कथाओं से ले कर पुराणों, उपनिषदों आदि में भरपूर रही है।

हमारे बनने में हमारे परिवेश के साथ-साथ इस बात की अहम भूमिका होती है कि हम पढ़ते क्या हैं? यह सिर्फ़ पढ़ना भर नहीं होता, हमारा चयन भी होता है। चुनना। इसे ऐसे भी कह सकते हैं कि हम क्या चुनते हैं? हमारा पढ़ना, सुनना हमारी चेतना को विकसित करता है। एक ऐसी दृष्टि पैदा करता है, जिससे हम दुनिया के बाहरी-भीतरी रूप को देखने में सक्षम हो पाते हैं।

मेरे साथ यह सौभाग्य घटित हुआ कि जब मैं ग्रेजुएशन कर रही थी, उस दौरान सड़क किनारे टेंट लगा कर सजाई गयी किताबें मेरा मन मोह लेती थीं। मैं उत्तर प्रदेश के एक छोटे से शहर 'बस्ती' में रहती थी, जहाँ साहित्य की किताबें दुकानों

पर मिलना किसी करिश्मे की तरह था। किताबों के लिए बनारस जाने का इन्तज़ार करना पड़ता था। बनारस वहाँ से दूर भी था और वहाँ तक पहुँचने का रास्ता कठिन भी। आज जैसी यात्रा की आसान सुविधा तब नहीं थी। हालाँकि यह कठिनाई पार की जाती थी।

उस टेंट में सजी किताबों ने मुझे और मेरे कुछ मित्रों को ऐसा बुलाया कि वह हमारा एक ज़रूरी ठिकाना बन गया। शायद मैं अपने देश की उस अन्तिम पीढ़ी में शुमार थी, जिन्होंने रूसी साहित्य को इस तरह बहुत सस्ते दामों में 'पीपुल्स पब्लिशिंग हाउस' के हिन्दी अनुवादों के जरिये पाया। यह प्रकाशन रादुगा प्रकाशन, मास्को के साथ काम करता था और छोटे शहरों में भी सड़क किनारे कहीं भी टेंट लगा कर किताबें बेचता था।

छोटे शहर के पुस्तक प्रेमियों के लिए इस टेंट में पहुँचना किसी हिल स्टेशन में पहुँचने जैसा सुख देने वाला था। यहीं मैंने टॉल्सटॉय की 'अन्ना कारेनिना' को पहली बार हाथ में उठाया। कैसा शानदार अनुभव था! लगता था जैसे हरी जिल्द वाली दो मोटी किताबें दो हरे पेड़ हों, जो पक्षियों के समूचे जीवन संसार और उनकी चहचहाटों के साथ मेरे हाथ में सिमट आये हों। और 'पुनरुत्थान' को अपने बिस्तर पर लेट कर पढ़ना जैसे दुनिया के किसी तिलस्म का धीरे-धीरे खुलना था।

मेरी उम्र का यह दौर किताबों के लिए पागल हो जाने का दौर भी था, जो अब तक चला आ रहा है। दोस्तोवस्की के जिस 'क्राइम एंड पनिशमेंट' का ज़िक्र मेरे पिता, मेरे बचपन में किया करते थे, एक दिन उसे अपने झोले में लिये मैं बिना रिक्शा किये, पैदल चल कर घर पहुँच रही थी। रिक्शा इसलिए नहीं कर सकी कि पैसे किताबों पर ख़र्च कर दिये थे।

चेखव, गोर्की, गोगोल, तुर्गनेव...के साथ-साथ रसूल हमजातोव का 'मेरा दागिस्तान' मेरे लिए संवेदना और विचार की एक नयी खिड़की खोल रहे थे, जो मुझे एक बड़ी दुनिया से जोड़ती जाती थी।

किताबों वाले उस टेंट से हमारी मोहब्बत कुछ ऐसी हो गयी थी कि कई बार देर हो जाने पर कोई अरिचित-परिचित हमारे आवारा हो जाने की कुछ अफसाने भरी शिकायतें घर पहुँचा आते थे। हम घर पहुँचते, भय के माहौल से घबराते हुए झोले से अपनी बेगुनाही का सबूत पेश करते और तब सीन बदल जाता। झोले से निकलते रंग-बिरंगे संसार पर मेरे पुस्तक प्रेमी पिता इस क़दर फिदा हो जाते कि बदनीयत अफ़साना बनाने वाले सिर धुन कर रह जाते।

रूसी साहित्य को पढ़ना वह पड़ाव था, जहाँ से मुझे दुनिया के क्लासिक्स पढ़ने के रास्ते खोजने की धुन चढ़ी। काफ्का, हेमिंग्वे, हावर्ड फास्ट, सार्त्र, सीमोन द बोउवा, वाल्टर बेंजामिन तक इसी धुन में पहुँची। अब शेक्सपियर के नाटक क्लास रूम से निकल कर विचार का दरवाज़ा खटखटाने लगे थे। मन ही मन मैं सोचती कि इन्हें लिखते हुए शेक्सपियर के दिमाग़ में इतनी जटिलताओं, हिंसा, साज़िशों, चुड़ैलों और नैतिकता पर चोट करने के पीछे सोच क्या रही होगी? उन्हीं दिनों कामू का 'द स्ट्रैंजर' पढ़ कर बहुत विचलित हुई थी। वे जिस अजनबियत की बात कर रहे थे, आज उसने मनुष्य को किस हद तक जकड़ लिया है। काफ्का की बेचैनी और बेंजामिन का बाज़ार की बर्बरता पर चोट करना क्या आज के समय का ही स्वरूप नहीं है? एक रचनाकार अपने समय को उसकी जटिलताओं के साथ पहचानता है और आगामी आहटों को भाँप लेता है।

माग्रेट मिशेल को मैंने कुछ देर में जाना–'गॉन विथ द विंड'। उन दिनों पाकिस्तान के साथ कारगिल युद्ध चल रहा था। मेरा जीवन युद्ध और सैनिक छावनियों से गहरे जुड़ा रहा है। मेरे पति भी युद्ध में गये हुए थे। कुछ वर्ष बाद मेरा बेटा भी सेना में चला गया। उन दिनों मैं परेशानी, निराशा और दु:ख से घिरी हुई थी। अपनों के समाचार दिल दहला देते थे। हिंसा का विराट हमें क्षुद्र बना रहा था। तब जैसे किसी ने मुझे उठा कर खड़ा कर दिया हो। जैसे कि कोई मेरे साथ-साथ चल पड़ा हो। मैं उस परिवेश को नहीं जानती थी पर युद्धों की विभीषिका को पहचानती थी, उस लेखक से नहीं मिली थी पर साथ चलने के हौसले पर विश्वास करती थी। इसलिए मैं उसके साथ उठ खड़ी हुई–एक स्त्री, एक लेखक–माग्रेट मिशेल। हिंसा के अमानवीय विद्रूप और मनुष्य के संघर्ष, जिजीविषा के बीच स्त्री के निज के उचाट और बीहड़ के कैसे कोने रच दिये थे उसने–युद्ध की पृष्ठभूमि में ऐसा दुर्दान्त प्रेम! शायद यही समय था, जब मेरी कहानी 'छावनी में बेघर' ने मेरे मन में आकार लिया होगा।

शादी के बाद, जब मैं अपनी पढ़ाई पूरी कर ले जाना चाहती थी और नौकरी पाने की जद्दोजहद भी कर रही थी। अपने आप से भी जूझ रही थी और परिस्थितियों से भी। तब बड़े अप्रत्याशित रूप से एक किताब मेरे हाथ लग गयी–छोटी-सी, पतली-सी किताब, जिसे छिप कर पढ़ने में बड़ी सुविधा थी–सीमोन द बोउवा की 'मेमायर ऑफ़ ए ड्यूटीफुल डॉटर'। इस किताब ने मुझे भीतर से झकझोरा-जीवन को ठहर कर देखने की चुनौती दी। इसी के कुछ बाद वर्जीनिया को पढ़ा–'ए रूम

ऑफ़ वंस ओन'। यह अपनी अद्भुत सृजनशीलतापरक वैचारिक अभिव्यक्ति के कारण मेरे दिल में ऐसी समायी कि कभी अलग नहीं हो सकी।

यहाँ मैं हिन्दी के दो बड़े कवियों तुलसीदास और कबीरदास को कैसे भूल सकती हूँ, जो भारतीय जनमानस में इतने गहरे रचे-बसे हैं कि पीढ़ी-दर-पीढ़ी अनजाने ही मन का संस्कार करते चलते हैं।

हिन्दी की बात आयी है तो मैं यहाँ कथा साहित्य के अपने पसन्दीदा और हिन्दी के अलग-अलग मोड़ों को तय करने वाले माइलस्टोन कथाकरों की बात किये बिना नहीं निकल सकती।

कथा के सम्राट कहे जाने वाले प्रेमचन्द मुझे एक ऐसे रनवे लगते हैं, जहाँ से हिन्दी कहानी टेक ऑफ़ लेती है। हजारी प्रसाद द्विवेदी के उपन्यास 'पुनर्नवा' को मैंने ज़िन्दगी के कई मोड़ों पर कई बार पढ़ा।

निर्मल वर्मा की पुस्तक 'एक चिथड़ा सुख', जब भी हाथ में आ जाती, मैं उसे पढ़ने लगती, हर बार लगता था कि पिछली बार पढ़ते हुए कोई पाठ छूट गया था, जो इस बार पकड़ में आया है यानी हर बार पाठ का कुछ नया आस्वाद। वे मनुष्य को स्मृति के अँधेरे-उजाले संसार में ले जाते हैं और भाषा के सम्मोहन में लपेट कर मनुष्य के अधूरेपन, अकेलेपन, उसके आत्मनिर्वासित व्यक्तित्व को स्वर प्रदान कर देते हैं। ये स्मृतियाँ केवल जीवितों की नहीं, हज़ारों साल पहले मरे हुए लोगों की भी हैं, जिन्हें कलाएँ पहचानती हैं और जीवित रखती हैं और संस्कृतियाँ उन्हें साथ लिये चलती हैं। निर्मल वर्मा कहते भी हैं–

A culture of a country doesn't consist of the living people but also the population, which is dead and this memory is carried by the culture and litraturer of the country.

-Nirmal Varma

नये समय के कथाकारों ने रूपकों के माध्यम से भूमण्डलीकरण के बाद के प्रभाव और प्रतिरोध को व्यक्त किया है। उनमें तीव्र गति के बरक्स संवेदना की सहज मानवीय लय है और उम्मीद तथा सपनों की खिड़की है, जिसे आदमी जीते जी कभी नहीं छोड़ता।

स्त्री रचनाकारों की स्थितियाँ इससे अलग रही हैं। उनका स्त्री होना, उनके कुछ बनने के बीच सबसे बड़ी बाधा रहा है। मुझे इसका गहरा अहसास तब हुआ, जब मैंने बौद्धिकों की दुनिया में हस्तक्षेप करना चाहा। इस बाधा को समझने, इससे जूझने में इन्हीं स्त्री रचनाकारों ने मेरी मदद भी की। बौद्धकालीन थेरीगाथाएँ, जो सामाजिक

पारिवारिक संरचना से निकल जाने पर कही जा सकीं। भक्ति काल की मीरा विद्रोह की एक बड़ी मिसाल हैं। दूसरी आधुनिक दौर की कवयित्री महादेवी वर्मा हैं, जो पहली बार, साहित्य के भीतर मुखर हो कर स्त्री प्रश्न और समस्याओं पर विचार करती हैं। भारतीय आज़ादी के कुछ साल पहले अपने लेखन का आगाज करने वाली कृष्णा सोबती स्त्री की सेक्सुअलिटी और डिजायर की बात निर्भय हो कर रखती हैं।

किताबों ने मुझे कुछ प्यारी दोस्तियाँ भी बख़्शीं, जो उम्र की सीमा नहीं मानतीं। मेरे मोहल्ले में एक नये किरायेदार सपरिवार आये। उस छोटे शहर में मल्टी स्टोरी का कल्चर अभी तक नहीं पहुँचा है। सो गली से गुज़रते हुए उनके बाहरी बारामदे की ग्रिल के अन्दर एक काग़ज़ झाँकता दिख गया और ग्रिल के बाहर खड़े-खड़े काग़ज़ पढ़ डाला गया। उस पर लिखा था–'20 प्रतिशत की छूट, घर बैठे किताबें मँगाएँ–पुस्तक पाठक योजना।' यह काग़ज़ किसी हिन्दी प्रकाशक की तरफ से आया था। फिर तो उस घर के लोगों का इन्तज़ार हमारी आँखों में बस गया–कोई तो इस घर में ऐसा है, जो किताबें मँगाता है। फिर मुलाक़ात होते ही पहला सवाल बना–"आप घर बैठे किताबें मँगाते हैं?"

फिर बातें शुरू हुईं। दोस्ती बढ़ती गयी। पर अब ऐसा नहीं हैं। यह रेयर हो गया है कि किसी दोस्ती की शुरुआत इस तरह हो जाये। पहले इस तरह की योजनाएँ बड़े प्रकाशकों के पास हुआ करती थीं, अब किसी के पास नहीं है। किताबों के आम पाठक तक पहुँच के लगभग सारे चैनल ध्वस्त हो गये हैं।

अब 'देखना' बढ़ा है, पढ़ना कम हुआ है। मतलब दृश्य माध्यमों–इंटरनेट, सोशल मीडिया आदि ने युवा वर्ग को अपनी जद में ले लिया है कि किताबों की गन्ध महसूस करना, उसकी मोहब्बत में गिरफ़्तार हो जाना, आते-जाते उसकी नयी जिल्द को टकटकी बाँध कर देखना या छू लेना, नयी आयी किताब के लिए बेचैन हो उठना...बहुत कम हो गया है। दूसरे, अब पढ़ने के तरीक़े भी बदल गये हैं। पढ़ना किंडल, इंटरनेट आदि पर बढ़ गया है। अख़बार भी अब इंटरनेट पर पढ़े जा रहे हैं। सुबह-सुबह अख़बार की तलब और बेचैनी अब वैसी नहीं रह गयी है। लाइब्रेरी में भी उपस्थिति कम हुई है। हमारे समय में लाइब्रेरी में बैठे मिलना शान की बात थी, अब भी है पर वैसा नहीं।

हम पुस्तकों के साथ-साथ समय को भी पढ़ते हैं। विलियम फॉकनर कहते हैं कि "हर कृति में एक फ्रोजन समय होता है जो पाठक के हाथ में आते ही सहसा बहने लगता है।"

एक रचनाकार के लिए सृजन में प्रत्यक्ष और अप्रत्यक्ष ढंग से समय की भूमिका होती है। इलियट कहते हैं कि "एक लेखक अपने लेखन में अपने समय को ही रचता है।"

एक रचनाकार जब अपने समय को रच रहा होता है, उसी दौरान उसके उलट भी होता है कि समय भी एक रचनाकार को रच रहा होता है। दोनों रचनाएँ कभी एक साथ, कभी समानान्तर, कभी एक दूसरे से जुड़ी हुई चलती हैं। जब मैं अपने समय को देखती हूँ तब पाती हूँ कि पृथ्वी के दोनों गोलार्द्धों पर असंख्य मनुष्य लगातार विलाप कर रहे हैं। समय की पसलियों में फँसे फेंफड़े तक न ऑक्सीजन पहुँच पा रहा है न दिल तक रक्त पहुँच पा रहा है। चन्द लोग हैं जो ऑक्सीजन को फेंफड़े और रक्त को दिल तक पहुँचने से रोक रहे हैं। वे मनुष्यता के सबसे बड़े शत्रु हैं और वे इस खंजर समय में स्वार्थ की तमाम सरणियों से गुज़र कर शक्ति का सबसे ऊँचा सिंहासन चाहते हैं।

मुझे बनाने के क्रम में निश्चित ही इन कथाओं की भूमिका है, जो मुझे अपने समय, समाज को समझने, उनसे जूझने की पृष्ठभूमि देती हैं। मेरे सोच के दायरे का विस्तार करती हैं, अपनी बात कहने का साहस भरती हैं और लिखने, कहने का महत्त्व और ज़िम्मेदारी का बोध कराती हैं। हाँ, जीवन से टकराते रहने का कुछ गुमान भी।

मेरा अनुभव, मेरी स्मृतियाँ, मेरा परिवेश, मेरी जीवन स्थितियाँ...सब मिल कर मुझे सर्जना की उस तपो भूमि पर खड़ा कर देती हैं, जहाँ 'रचना' एक ज़िद की तरह उभरता है, अपने आप को बचा ले जाने की ज़िद की तरह। क्योंकि यही एक चीज़ है जो मुझे आती है–लिखना।

इन सबके बीच जब मैं अपने समय को देखती हूँ तो हज़ार चिन्ताएँ घेर लेती हैं। चिन्ताएँ, जो हमें जीने नहीं देती हैं, इतना बेचैन करती हैं, इतना कि तब यही हथियार काम में लाना पड़ता है–रचना। लिखना लड़ना भी है मेरे लिए। लेकिन मैं हज़ार चिन्ताओं वाली बात में उन ज़रा-सा मिलने वाली राहतों को नहीं भूल सकती, जो अँधेरे में दीपक की लौ की तरह टिमटिमाती रहती हैं।

मैं एक शब्द लिखती हूँ 'औरत' और समस्त ब्राह्माण्ड का अँधेरा इस शब्द में भरने लगता है और इसी के साथ वह मेरे भीतर भी उतर आता है–फिर शुरू होता है जूझना-टकराना और दीपक की रोशनी में चलते रहना–उम्मीद को थामे हुए–अँधेरे को काटने की कोशिश करते हुए।

मेरे लिए लिखना, रोशनियों की स्लेट पर, वक़्त के भीतर से बने और अपने भीतर भरे अँधेरे की निशानदेही भी होता है।

हमारी सभ्यताएँ और इतिहास गवाह हैं कि स्त्रियों को हमेशा ही बोलने से रोका गया है। वह गूँगी नहीं थी, लेकिन जब-जब वह बोलती दिखाई पड़ी, ज़्यादातर समय पितृसत्ता ने अपनी मनपसन्द आवाज़ें उसके भीतर भर दीं, जिसे वे अपनी प्रगतिशीलता के प्रदर्शन के तौर पर प्रस्तुत करते रहे और साथ-साथ मनोरंजन के लिए भी इस्तेमाल करते रहे। इस तरह लम्बे समय से बोलने से रोकी गयी स्त्रियों को जब बोलने का मौक़ा मिला, तब उनका बोलना, चीत्कार या हकलाहट के दायरे में शामिल कर दिये जाने का ख़तरा भी बना रहा। यह भी हुआ कि जब उनकी आवाज़ बहुत खलने वाली, असहनीय जान पड़ी तो सच कहने के एवज में उन्हें सजायाफ्ता होना पड़ा।

एक अँधेरा है, जो हमारे जन्म के पहले से ही हमारा पीछा करने लगता है। हम अपने संघर्ष और उम्मीदों की मोमबत्ती जला कर अपने रचना पथ पर आगे बढ़ते हैं। हम इस चिराग को थामे रचते हैं। रचते हुए बढ़ते हैं, बढ़ते हुए रचते हैं। चिराग को थामे कई बार हमें ख़ुद चिराग हो जाना होता है। तब हमारा जीना हमारा संघर्ष बन जाता है। इस संघर्ष में अँधेरा और उजाला इस तरह से गुंथा होता है कि इसे अलगाना मुश्किल होता है। बकौल रोमां रोलां के उपन्यास 'ज्यां क्रिस्तोफ' के–"हर व्यक्ति अकेला ही सत की मशाल ले कर अँधेरे में चलता है।"

हमारी सामाजिक व्यवस्था इतनी पितृसत्तात्मक रही है कि उसने स्त्री को उसकी वाजिब जगह नहीं दी। रिश्तों के दायरे के बाहर स्त्री एक व्यक्ति नहीं हो सकती। विकास के अन्धाधुंध दौड़ में कुछ सुविधाएँ, कुछ सहूलियतें और कुछ स्पेस पा जाने के बावजूद, स्त्री को ले कर सामन्ती सोच कुछ ख़ास नहीं बदली है। बाज़ार ने भी स्त्री को कमोडिटी समझे जाने की सोच को बढ़ावा दिया है।

सोचिए, कितना तकलीफ़देह है कि आप जिस माहौल में साँस लेते हैं, उसकी घुटनभरी, धुएँ और धुँधभरी गलियों में ऑक्सीजन पा जाने के लिए उतना ही जूझते, टकराते और लहूलुहान भी होते हैं। इसतरह हमारा लिखना अपने खिलाफ बनी सोच, संजाल और साज़िश के ख़िलाफ़ प्रतिरोध में भी तनता है। मैं उन शुरुआती दिनों को याद करती हूँ जब मेरी कहानियाँ छपनी शुरू हुई थीं–'मुक्ति प्रसंग', 'कथा के ग़ैर ज़रूरी प्रदेश में', 'भीतर का वक़्त' आदि...उन दिनों की परेशानियों, मनोबल तोड़ने की कोशिशों और साथ ही हौसला अफजाई की उन आवाज़ों को भी याद करती हूँ।

उन टिमटिमाती हुई हज़ार दीपकों की लौ को भी याद करती हूँ, जो गहरी शिद्दत से अँधेरे को चीरते हैं। ये स्त्रियों की ऐसी हज़ार मुहिम हैं, जिन्होंने कभी हमें सूचना का अधिकार दिलाया तो कभी नर्मदा बचाओ अभियान चलाया, पुनर्वास की समस्याओं, ट्रैफिकिंग के नरक, कन्या भ्रूणहत्याओं जैसे सामाजिक मुद्दों से लेकर राजनीतिक और बौद्धिक समझदारियाँ बढ़ायीं। मेरे उपन्यास 'अस्थिफूल' के केन्द्र में गर्ल ट्रैफिकिंग की यह समस्या भी है और जंगल से मनुष्य के विस्थापन का दर्द, संघर्ष और जनआन्दोलनों के बिकने की गाथा भी। यह विस्थापन, ऐसा विस्थापन है, जो इन दिनों पूरी दुनिया में–सीरिया, टर्की, तिब्बत, म्यांमार, बांग्लादेश...आदि बहुत से देशों में, आर्थिक, सामाजिक और राजनीतिक समस्या के साथ-साथ चुनौती के रूप में उभर रहा है।

इको फेमिनिज़्म की बातें भी अब उठ रही हैं। पर्यावरण एक बड़ा मुद्दा है। जैसे स्त्री हिंसा एक विकट समस्या है। प्रकृति और स्त्री को जोड़ कर देखने की भी एक पुरानी परम्परा रही है। पर यहाँ एकदम नये सन्दर्भ में इसे देखने की दरकार है। हमारे यहाँ पर्यावरण बचाने के ज़्यादातर आन्दोलनों में स्त्रियाँ सक्रिय रही हैं। कई बार वे ही पुरोधा रहीं। जैसे उत्तराखण्ड में गौरा देवी का 'चिपको आन्दोलन'। उत्तराखण्ड भारत का पहाड़ों से घिरा सुन्दर राज्य है। उससे जुड़ी एक ख़ूबसूरत बात मुझे याद आती है जिसे मैंने अपने उत्तराखण्ड प्रवास के दौरान जाना। वहाँ कुछ इलाकों में स्त्रियों ने विवाह के अवसर पर एक नयी परम्परा चलायी–मैती की प्रथा, जिसमें विवाह के समय लड़की को माँ के घर से एक पौधा दिया जाता है, जिसे लड़की ससुराल में लगाती है। यह गजब सुन्दर है कि परम्परा को आप नयी परिस्थितियों में नया कर दें।

जिसे हम अपना अँधेरा कहते हैं, वह समय का अँधेरा भी है। इसे काटने की उतनी ही मानवीय कोशिशें भी हैं, पर ज़्यादातर निहत्थी। तमाम तरह के असन्तुलन और विषमताओं से भरा यह दौर आज मारक महत्त्वाकांक्षाओं का दौर भी है, जो बिना जेंडर भेद के स्त्री और पुरुष दोनों को ग्रसता है।

ऐसे में एक लेखक होना, वह भी स्त्री, जिगर से वक़्त की टेढ़ी शमशीर को सीधा करने सरीखा है।